河北省企业管理重点学科出版资金资助

公司治理视角下的企业社会责任研究

卞 娜◎著

中国财经出版传媒集团
中国财政经济出版社

图书在版编目（CIP）数据

公司治理视角下的企业社会责任研究／卞娜著．--北京：中国财政经济出版社，2020.5
ISBN 978 – 7 – 5095 – 9727 – 9

Ⅰ.①公… Ⅱ.①卞… Ⅲ.①企业责任－社会责任－研究－中国 Ⅳ.①F279.2

中国版本图书馆 CIP 数据核字（2020）第 047556 号

责任编辑：彭　波　　　　责任印制：史大鹏
封面设计：卜建辰　　　　责任校对：徐艳丽

中国财政经济出版社 出版

URL：http：//www.cfeph.cn
E – mail：cfeph@cfemg.cn

（版权所有　翻印必究）

社址：北京市海淀区阜成路甲 28 号　邮政编码：100142
营销中心电话：010 – 88191537
北京财经印刷厂印装　各地新华书店经销
710×1000 毫米　16 开　12.25 印张　200 000 字
2020 年 8 月第 1 版　2020 年 8 月北京第 1 次印刷
定价：68.00 元
ISBN 978 – 7 – 5095 – 9727 – 9
（图书出现印装问题，本社负责调换）
本社质量投诉电话：010 – 88190744
打击盗版举报热线：010 – 88191661　QQ：2242791300

目　　录

第 1 章　企业社会责任产生与发展 ······················· 1
　1.1　企业与社会 ······································· 1
　1.2　企业社会责任的时代变迁 ··························· 3
　1.3　企业社会责任的阶段理论 ·························· 21
　1.4　责任之争 ·· 27

第 2 章　企业社会责任的维度 ··························· 29
　2.1　经济责任 ·· 35
　2.2　法律责任 ·· 36
　2.3　伦理责任 ·· 37
　2.4　慈善责任 ·· 41
　2.5　生态责任 ·· 42

第 3 章　企业社会责任治理：基于利益相关者的视角 ······· 45
　3.1　企业社会责任与公司治理 ·························· 45
　3.2　企业社会责任治理面临的挑战 ······················ 47
　3.3　Nijhof 和 Fisscher：企业社会责任治理模型 ········· 48
　3.4　利益相关者与利益相关者治理 ······················ 50
　3.5　利益相关者治理路径 ······························ 60

第 4 章　企业社会责任治理研究理论与研究方法 ··········· 65
　4.1　工具理论（Instrumental Theories） ··············· 71
　4.2　政治理论（Political Theories） ·················· 75

4.3 整合理论（Integrative Theories）……………………………… 82
4.4 伦理理论（Ethical Theories）…………………………………… 87

第 5 章 企业社会责任治理价值研究 ……………………………………… 97
5.1 战略性企业社会责任（Strategic CSR，SCSR）………………… 98
5.2 声誉提升 ……………………………………………………… 103
5.3 竞争力提升 …………………………………………………… 105
5.4 企业价值创造 ………………………………………………… 107

第 6 章 董事会治理 ……………………………………………………… 110
6.1 董事会治理理论分析 ………………………………………… 110
6.2 董事会治理框架 ……………………………………………… 112
6.3 董事会治理实践 ……………………………………………… 115

第 7 章 高管层治理 ……………………………………………………… 122
7.1 高管层治理理论分析 ………………………………………… 123
7.2 高管层治理影响因素 ………………………………………… 128
7.3 高管层治理实践 ……………………………………………… 132

第 8 章 其他利益相关者治理 …………………………………………… 134
8.1 股东治理：社会责任投资 …………………………………… 134
8.2 员工治理 ……………………………………………………… 135
8.3 消费者治理 …………………………………………………… 136
8.4 政府治理 ……………………………………………………… 137

第 9 章 企业生态责任治理 ……………………………………………… 139
9.1 生态责任的理论分析 ………………………………………… 139
9.2 企业生态责任履行 …………………………………………… 140

第 10 章 企业社会责任信息披露 ………………………………………… 146
10.1 强制性信息披露与自愿性信息披露 ………………………… 146

10.2 自愿性 CSR 信息披露驱动分析 ·············· 150
10.3 企业社会责任信息披露应注意问题 ·············· 153
10.4 企业社会责任报告：企业社会责任沟通的重要工具 ·············· 154

第 11 章 企业社会责任治理准则及指南 ·············· 158
11.1 常见的规范性原则及指引 ·············· 159
11.2 指南举例 ·············· 164

第 12 章 企业社会责任治理的未来：全球治理 ·············· 173
12.1 全球治理的产生与提出 ·············· 174
12.2 全球治理的发展 ·············· 177

参考文献 ·············· 179

第1章

企业社会责任产生与发展

1.1 企业与社会

企业是一种有限的、特定的、有意识的、功能性组织的人类活动形式,它的目的是通过销售商品或服务来实现营利。与其他形式有组织的人类活动相比,营利的需求是商业组织的定义特征。在营利的过程中,它必须考虑与各种各样的利益相关者的关系。

根据当代组织理论,企业可以被视为一系列契约的组合,其中就包括企业与各类利益相关者的契约,以及所形成的动态关系和伙伴关系等。要实现营利,就必须平衡和满足利益相关者的需求和期望。现有研究认为,企业应具有以下特征:

(1) 企业应该是一个开放的、以营利为目的的社会实体。
(2) 企业应具备正确的价值观。
(3) 企业能够有一定的技能以满足需求和期望。
(4) 企业能够识别其利益相关者及其需求和期望。
(5) 企业能够通过战略过程满足这些需求和期望。
(6) 企业能够建立有效的方法,在需求和期望发生变化和冲突的情况下,采取行动沟通其解决冲突。

企业与社会之间的相互联系是双向互动的。

一方面,成功的企业需要一个健康的社会。教育、机会平等、卫生保健等都是发展生产力必不可少的要素。安全的产品和工作环境不仅吸引了客户,而且降低了事故的内部成本。对土地、水、能源和其他自然资源的有效利用使企业更具生产力。良好的政府、法治和产权对效率和创新至关重要。强有力的监管标准保护消费者和有竞争力的公司免受剥削。最终，一个健康的社会可以不断扩大对商业的需求。任何以牺牲当前环境和社会为代价实现目的的企业，其成功都是短暂的。

另一方面，一个健康的社会也需要成功的企业。企业在正常的经营过程中会对社会产生影响，这是一种由内到外的联系。企业价值链中的每一项活动都会对周边环境、组织和个体产生积极或消极的影响，并因文化差异等因素会造成不同的社会后果。企业在创造就业机会、财富和革新方面具有绝对优势，并随着时间的推移对提高生活水平和社会条件做出贡献。如果政府、非政府组织和社会的其他参与者削弱了企业的有效运作能力，就会得不偿失。一旦企业竞争力减弱，就会造成工资停滞不前，工作岗位消失，税收减少以及各种非营利捐款的减少，公共事业及各种慈善行为也会因经费的减少被削减。

所以企业与社会间的关系是相互依赖的，无论企业决策还是社会政策制定，都必须遵循价值共享的原则，选择对双方都有利的策略。任何一个采用牺牲对方利益为代价的政策，都将双方推向不归路。

在企业与社会的交界处，企业社会责任就此产生。

对于现代企业而言，要想实现可持续发展，就必须与内部和外部利益相关者建立牢固的关系。因此，许多企业开始采取一些旨在保护和改善整个社会福利的措施——即履行社会责任，使企业能够与政府、整个社区及其环境和谐共存，企业社会责任的议程和企业对该议程的反应因此形成。

企业社会责任运动的兴起源于人们对两者关系的认识发展——企业的外部环境对企业的需求和压力日益增加，但这些需求和压力并不是通过市场或企业长期依赖的传统政治过程所表现出来的（Roome，2004）。在这方面，企业社会责任运动象征着企业在不断变化的社会中所发挥的作用和承担的责任。因此，企业社会责任的思考涉及企业在社会中的地位的重新定义，而企业社会责任的实践关注点则是企业在当前和未来如何管理与公司内外参与者之间的关系。从根本上讲，如果从企业的角度来看待企业社会责任，企业社会责任就是企业与社会其他参与者之间的联系或关系，参与制订和实施企业社会责任政策的公司不但参与了解这些关系,还要参与对这些关系的重塑。

总之,企业社会责任是将企业利益与社会利益结合起来的一种方式。早期,企业承担社会责任并不具有强制性——如果企业承担了社会责任,那么企业就应该致力于提供真实和有用的信息,以便利益相关者能够自由地决定他们参与企业社会责任程度。在现实中,不同的公司对企业社会责任活动的理解根据成熟度的不同而存在差异。胡安·路易斯·马丁内斯和安娜·阿奎罗在他们的著作《企业社会责任的原因、时间和方式》中指出,在决定是否参与企业社会责任之前,应先考虑企业社会责任的利弊。行业的竞争程度、企业价值观的力量,以及对社会问题的敏感度集中在一起,这些因素会让企业意识到,企业要想在当今世界生存下去,就必须让人们看到它们的行为是符合社会最大利益,即履行社会责任。

今天,市场、政府和社会之间的权力平衡已经发生了根本性的制度转变,企业在社会中的作用也在发生变化;国家与市场之间的传统鸿沟正在消失。越来越多的公司认识到,一方面企业不能忽视社会和政府对其履行更大责任的要求,另一方面履行社会责任可能会使企业从中受益。许多公司的社会政策也发生了类似的变化:它们的责任不再止于公司门口,公司开始越来越重视其所经营的连锁店和网络;开始重视对员工权益的保障和发展;开始关注企业与生态的和谐发展;开始关心与社区关系的构建;等等。这些改变不仅是因为来自消费者组织和非政府组织的压力,也因为公司本身的价值观正在发生变化——现代公司已经开始从一个政治和社会因素转变为一个政治和社会参与者。

1.2

企业社会责任的时代变迁

企业应该承担社会责任的论点源于"社会赋予企业合法性和权力,从长远来看,不负责任使用权力的人往往会失去这种权力"(Davis,1973)。经济体系、政府和机构往往决定什么是合法的,而这种决定合法性的权力不可能轻易收回。

尽管很多学者都尝试对企业社会责任进行清晰、明确的界定,探讨其内涵,但迄今仍未达成一致。总的来说,社会责任的概念至少经历了三次运动的演变。第一次运动被称为社会责任运动,它认为企业的责任是一种商业的义务。第二次运动是社会反应运动,强调企业为履行对社会的某些义务而采取的行动和活动(或作出反应)。它强调已预测和确定结果的活动,这些结果符合或有助于公司确定的发展目标或政策。第三次运动就是今天的企业社会责任实践,即企业社会绩效(CSP),它关系到一个机构如何将其社会目标转化为实践(产出和结果)。CSP强调了公司对除了股东外的其他多个利益相关者(如员工和整个社区)的责任。企业社会责任研究呈现的不仅是理论图景,而且还有大量争议性、复杂性和模糊性的研究方法。

在企业社会责任的演进过程中,企业社会责任的因素也受到关注和详细研究,关注的因素包括涉及利益相关者问题、环境保护与员工福利、企业绩效、信息披露等。近年来对企业社会责任的研究大致可以分为两大类:一方面侧重关注影响企业社会责任的因素,另一方面则侧重关注企业社会责任的影响。

迄今为止,仍没有形成对企业社会责任的界定。总的来说,企业社会责任的界定涉及企业社会绩效、企业社会反应能力、企业公民意识、道德商业实践、利益相关者管理和企业可持续商业实践等多个方面。

马塞尔·范·马雷维克(Marcel van Marrewijik)在其著作《企业社会责任和企业可持续发展的概念和定义》(*Concepts and Definitions of CSR and Corporate Sustainability*)中提到,企业社会责任对每个人都有特定的意义,但又不尽相同。有些人把企业社会责任视为企业的慈善事业;有些人则认为它是一门关注公司如何在道德上运作的学科,还有人认为它是公司对外部环境的关注、尊重和关心。从不同利益相关者的角度来看,也是千差万别。从员工的角度来看,这是公司如何尽职尽责、真诚地关注影响员工福利、提高工资/税后收入以及提供良好工作环境等方面的事情。对于政府,可以从履行纳税义务的角度来看待;对非政府组织来说,这可能意味着更多事情,其中可能包括是否愿意捐赠、促进社区发展、绿色生产、保护自然资源等。对于社会改革者来说,这可能被视为企业增加社会价值的举措。即使对宗教机构、学术界和学生团体来说,企业社会责任也有不同的含义。牛津企业社会责任手册(*Oxford handbook of CSR*)将企业社会责任等同于社区参与、慈善捐赠、良好的公司治理、"绿色"政策的实施以及其他各种各样的组织行为。

企业社会责任的观点可以追溯到1919年，当时福特汽车公司的高管和主要股东明确表示，公司的目的是为社会服务（Moura-Leite and Padgett, 2011）。1924年，美国学者谢尔顿（Oliver Sheldon）在其著作《管理的哲学》(*The Philosophy of Management*)中首先提出"企业社会责任"这一概念，把企业社会责任与公司经营者满足产业内外各种人类需要的责任联系起来，并认为企业社会责任有道德因素在内。自此，企业社会责任的理论研究正式从实践走上理论研究舞台。20世纪20年代和30年代初，企业管理者开始承担起责任，在实现利润最大化的同时，创造并维持与客户、劳动力和社区需求之间的平衡，这导致管理者被视为与公司之间不同的外部关系的受托人，而这些关系又转化为企业所承担的社会和经济责任（Carroll, 2008）。20世纪30年代，企业社会责任开始进入大众的实现。

第二次世界大战之后，各组织日益受到强大的社会压力，要求它们对其作为营利公司的活动的不利后果作出解释。公司开始被视为具有社会责任的机构，对这种责任的广泛讨论开始出现（Heald, 1970）。这种发展被称为企业社会责任，认为组织和行业应对其行为所产生的任何社会危害负有直接责任。由于企业社会责任的快速发展，许多企业不得不考虑采取更能为社会所接受的经营方式进行生产运作。当时，各国政府、社会及其国际代表（如联合国等政府组织以及绿色和平组织和乐施会等非政府组织）的规范性作用较弱，企业不得不从内容采取行动，解决出现的各种问题。随着对企业社会责任的日益重视，许多专门从事这方面工作的机构也开始出现，导致了大量的各种社会责任倡议意见，其中包括行为准则、教育和培训、利益相关者对话和可持续发展报告等。

1.2.1　20世纪50~60年代：社会责任的早期

20世纪50~60年代是企业社会责任的早期阶段。20世纪50年代初，明确界定这些责任的概念才首次在文献中被提及，并被视为现代企业社会责任的开端。1951年，美国最大石油公司的董事会主席Frank Abrams提出"股东、员工、客户和公众之间应和谐平衡"。1953年，"企业社会责任之父"霍华德·R. 鲍恩（Howard R. Bowen）[①] 出版《商人的社会责任》，成为第一本涉及企业社会责任主要思想的著作，并对企业社会责任进行以下界定：商人有义务作出这些与社会目标和价值观相匹配的决策。Bowen（1953）提出了企业履行社会责任的具体原则的概念。他认为，公共责任、社会义务和商业道德是企业社会责任的同义词，其概念界定侧重于企业的社会取向，认为企业应该只为社会而存在，而不是为了经济目标存在。他虽然没有明确界定社会的理想目标和价值观，以及企业的目标和价值观是否与社会相匹配，但这种思路反而有利于去辨别公司的行为在本质上是否正确。商人的决定和行动影响了他们的利益相关者、雇员和顾客，直接影响了整个社会的生活质量（Bowen，1953）。有鉴于此，鲍恩将企业高管的社会责任定义为"商人执行这些政策、做出这些决定的义务"，或遵循的行动方针是可取的目标和价值观的社会（Bowen，1953）。卡罗尔（2008）解释说，Bowen（1953）提出了一种新的管理方法，旨在改善企业对社会影响的反应，并对企业社会责任的定义做出了贡献。在鲍恩之后，其他作者关注的是企业行为及其对当时社会环境的反应。例如，在1956年出版的《自由社会中的企业捐赠》一书中，Eells（1956）认为当时的大公司在普遍的通货膨胀时期没有尽到自己的责任。1959年出版的《管理的道德哲学》（*a moral philosophy for management*）一书中，Selekman（1959）探讨了企业道德责任作为对当时劳工期望的回应的演变。

到了20世纪60年代，民权、反战、消费主义、环境主义和妇女权利方面的社会运动日益增多，促进了各界对企业社会责任的深度思考，企业社会责任已经成为讨论的热点问题。企业社会责任文献也在20世纪60年代显著扩展，开始关注社会责任的实际含义及其对企业和社会的重要性（Moura-Leite and Padgett，2011）。这一时期，企业社会责任的学术研究和理论焦点集中在社会层面的分析上（Lee，2008），为企业社会责任的研究提供了现实的启示。学者们将企业社会责任作为对新现代社会的问题和愿望的回应。基思·戴维斯（1960）提出，社会、经济和政治变化代表了一种压力，迫使商人重新审视他

[①] Carroll（1999）认为，Howard R. Bowen 在1953年出版的《商人的社会责任》（*Social Responsibilities of the Businessman*）一书标志着社会责任思想的现代研究的开始，因而将 Bowen 推崇为公司社会责任之父。

们在社会中的作用和他们的社会责任，社会责任是企业"出于至少超出公司直接经济或技术利益的原因而做出的决定和采取的行动"。Davis（1960）认为商人在经济和人文价值方面对社会负有相关义务，并主张在一定程度上社会责任可以与企业的经济回报挂钩。Davis 的观点的意义在于，他指出"商人的社会责任需要与他们的社会权力相称"，如果不这样做，公司的社会权力就会下降（Davis，1960）。Frederick（1960）认为 20 世纪上半叶是一场知识和制度的变革，它改变了经济和社会思维，并为大型企业带来了更大的经济实力。为了平衡不断增长的商人的力量，Frederick（1960）提出了一种新的商业责任理论，该理论基于以下五个方面的要求：（1）有一个价值标准（指经济生产和分配）；（2）以最新的管理和行政概念为基础；（3）认识当今社会背景下的历史文化传统；（4）认识到个体商人的生存是其在社会和社会环境中所起作用的函数；（5）认识到负责任的商业行为不是自动发生的，而是经过深思熟虑和有意识努力的结果。1961 年，Eells 和 Walton（1961）提出企业社会责任是指"企业规范其与社会关系的伦理原则"。McGuire（1963 年）回顾了商业机构的发展，观察了公司规模和类型的变化、公共政策的变化、商业管理控制的变化以及当时社会和经济条件的变化。作为对这些变化的回应，McGuire（1963）认为公司的责任超出了其法律和经济义务，公司应该关心政治、社会福利、员工的教育和幸福感。Walton（1967）探讨了 20 世纪 50 年代和 60 年代所发生的意识形态变化，并将这些变化反映在公共政策中，认为公司对于改善当时社会和经济条件做出了贡献。因此，他提出了社会责任的定义，并确认了公司与社会之间的关系。1962 年，卡森的《寂静的春天》（the Silent Spring）出版，1968 年，埃利希（Ehrlich）的《人口爆炸》（the Population Bomb）出版，这些著作开始对经济增长的极限以及社会和企业对环境的影响提出质疑。

哈佛法学院的梅里克·多德（Merrick Dodd）和哥伦比亚大学法学院的阿道夫·贝尔（Adolf Berle）曾展开了激烈的辩论。他们的辩论集中在这样一个问题上："企业管理者的受托人是谁?"多德认为，除了盈利外，公司的存在还有另一个非常重要的功能：即社会服务。然而，贝尔在这一点上并不同意多德的观点。正如 Deb Abbey 在他的著作《企业社会责任》中所断言的那样，企业社会责任不是关于企业给予或能够给予什么，而是关于企业如何经营。这一认识可能是美国证券交易委员会（SEC）在20世纪70年代引入社会变量的推动力量，即上市公司应该向投资者和公众提供的信息。

1.2.2　20世纪70年代：社会责任与管理

20世纪70年代，企业社会责任进入管理时期。1969年加州圣巴巴拉海岸的重大石油泄漏事件在美国各地引发大规模抗议，并最终导致1970年第一个地球日的诞生，在第一个地球日期间，美国各地有2000万人参加了抗议活动，要求建立一个清洁和可持续的环境，并与主要由企业造成的污染（如石油泄漏、有毒废料、污染工厂和发电厂）作斗争。它推动了环境保护署（EPA）的创建，将其发展成一个新的监管框架，并对企业未来的行为产生重要的影响。各国政府制定了主要基于许可证制度（直接管制）的立法。在直接管制模式下，政府对环境质量保留唯一的责任。他们规定了公司必须在哪些范围内采取行动的严格限制，从而使这一责任具有坚定的意义。然而，仅仅遵守规章制度还不足以实现可持续性。相反，环境政策必须把重点放在如何在指挥和控制战略所要求的水平之外，利用所有参与者的创造力。其结果是环境政策朝着对话协商、合作和建立新伙伴关系的方向发展的一种国际趋势（Hartman et al., 2000; De Bruijn and Tukker, 2002）。1972年的斯德哥尔摩环境会议、1992年里约热内卢的地球首脑会议和2002年的约翰内斯堡高峰会议都讨论了发展对环境的影响，并提出或签署了一系列全球和地方治理的新方法、协议，如《关于消耗臭氧层物质的蒙特利尔议定书》《21世纪议程》《京都议定书》等。

1971年，美国经济发展委员会（CED）用"三个同心圆"（Three Concentric Circles）对企业社会责任进行了描述。其中，核心圈包括基本的经济功能——增长、产品、就业；中间圈包括在履行经济职能时必须敏感地意识到社会价值和优先事项的变化；外圈涉及新出现的和仍然不明确的责任，企业应该承担这些责任，以便更积极地参与改善社会环境。

1979年，卡罗尔对企业社会责任进行界定，"企业的社会责任包括社会在特定时间点对组织的经济、法律、道德和自由决定的期望"（卡罗尔，1979）。卡罗尔不认为经济和社会目标是不相容的权衡，而是作为整体社会责任的商业框架的一个组成部分（Lee，2008）。该定义被视为第一个统一的企业社会责任定义，被后面的学者广泛认可并引用。

1.2.3　20世纪80年代：企业社会责任的运作时期

到了20世纪80年代，企业社会责任进入运作化时代。世界各国政府都认识到，工业不仅是环境退化的一个关键因素，而且可以通过发展新的工艺、技术和产品成为解决办法的一部分。随着政府在规范企业行为方面作用的减弱，管理者面临着对不同利益集团做出回应的需要，这些利益集团仍然期望企业能够满足当时的社会期望。有一个明显的趋势，从直接监管转向共同监管，即政府和行业共同承担责任（ISO 14001）（Leveque，1996）。监管框架的简化导致学者们开始研究商业道德以及企业社会责任作为对股东、雇员和消费者等群体的回应的运作化，而"利益相关者"一词也变得普遍起来（Carroll，2008）。学者们也开始研究企业社会责任的替代或补充概念，其中包括企业社会绩效、企业社会响应性、利益相关者理论与管理（Carroll，2008）。Thomas M. Jones（1980）是第一个将企业社会责任视为影响企业行为决策过程的学者，他开辟了一个关于企业社会责任的辩论新领域，该领域更多地关注企业社会责任的可操作性，而不是其概念本身。Tuzzolino 和 Armandi（1981）提出了一个需求层次框架，根据五个标准（盈利能力、组织安全、归属和行业背景、市场地位和竞争力，以及自我实现），对公司社会责任的表现进行评估；世卫组织提出了一个系统模型来表示组织与其社会责任、响应性之间的联系；Cochran 和 Wood（1984）使用合并的莫斯科维茨列（声誉指数）来探索企业社会责任与财务绩效之间的关系；Wartick 和 Cochran（1985）将 Carroll 对企业社会责任的理解重新组织成一个原则、过程和社会政策的框架。

这一期，企业界的实践也日益增多。1986年，"美体小铺国际"（Body Shop International）创始人安妮塔·罗迪克（Anita Roddick）与世界自然基金会（World Wide Fund for Nature or World Wildlife Fund）结成联盟，开始拯救鲸鱼，并以商业主导的行动主义而闻名。此后，她一直致力于解决动物权利、女性自尊、人权、公平贸易和原住民权利等问题。在她的自传《商业不寻常》

(2001) 中,她将自己的哲学提炼如下:"商业是文艺复兴时期的一个概念,人类的精神在其中发挥作用。它不必是苦差事,不一定是赚钱的科学。它可以是人们真正感觉良好的东西,但前提是它仍然是人类的事业。"

20 世纪 80 年代末,默克公司研发出一种可以治愈河盲症的药物。河盲症是一种痛苦的疾病,在非洲热带地区肆虐,导致数百万人失明。但大部分受害者不可能买得起这样的药物,默克公司最终决定免费为所有受到影响的病人供应和分发药物。到 2003 年,约有 3000 万人通过这个项目接受治疗。默克公司的现金成本相当可观,但默克公司(Merck)前首席执行官兼董事长罗伊·瓦格洛斯(Roy Vagelos)认为,默克公司的河盲症项目使其能够招募到非常优秀的科学家,并为默克公司的人力和智力资本做出了贡献。

1.2.4　20世纪90年代:企业社会责任全球化时期

到了 20 世纪 90 年代,企业社会责任进入全球化,重大的国际事件影响了国际社会对社会责任和可持续发展的看法。90 年代初,《纽约时报》和其他媒体报道了一些印度尼西亚供应商的虐待劳工行为后,该公司面临着广泛的消费者抵制。1995 年,壳牌石油公司(Shell Oil)获批将废置的布兰特史帕尔储油平台沉入北海,这一决定在引发了绿色和平组织的抗议,并上了国际媒体的头条。博帕尔毒气泄漏事件、埃克森·瓦尔迪兹号油轮泄漏事件和第三世界血汗工厂问题等事件均引起公众和企业对这些问题的关注。这一时期,建立了大量的国际机构,也通过了大量的国际协议,如欧洲环境总署的创建(1990),联合国环境与发展峰会在里约热内卢举行并通过《里约环境与发展宣言》、联合国气候变化框架公约(UNFCCC)(1992)、《京都议定书》(1997)等。在欧洲,对企业社会责任的呼声也日益高涨。1995 年,时任欧委会主席德洛尔针对榨取工人血汗,还有使用童工等不法现象通过一项宣言,在欧洲开启关于企业社会责任的新篇章。同年,欧洲企业社会责任协会(CSR EUROPE)在德洛尔的号召下建立。在 20 世纪 90 年代,全球化进程增加了跨国公司的业务,这些公司现在在国外面临着不同的商业环境,其中一些管理框架薄弱。对于这些跨国公司来说,这意味着新的机遇,随之而来的是全球对新市场日益激烈的竞争,由于全球视野的增长,以及来自本土和东道国相互冲突的压力、需求和期望，声誉风险也随之增加（Carroll，2015）。许多跨国公司认识到，承担社会责任有可能成为一条安全的道路，以平衡他们所经历的全球化进程中的挑战和机遇，因此，企业社会责任的制度化变得更加强大（Carroll，2015）

20 世纪 90 年代的全球化进程增加了跨国公司的全球影响力，资本主义迅速扩张，这意味着企业开始关注竞争力、声誉、全球知名度和扩大的利益相关者网络（Carroll，2015）。利益相关者理论、企业社会绩效、企业公民等开始进入企业社会责任的研究领域。随着全球化进程的不断推进，企业在社会中的地位越来越高。可以说，企业社会责任的兴起是全球化治理的结果。企业在当代社会中的角色和地位具有社会运动的特征，并不断影响着商业思维和实践。换句话说，企业社会责任作为一项社会运动具有结构性、文化性、认知性和政治性的意义。企业社会责任倡导者的主张和论据，以及他们提出的工具、技术诀窍和合理性，塑造了整个认知过程。在政治上，越来越多的人支持企业社会责任，认为这是一种遏制企业行为过度的方式，也是一场更广泛的运动的一部分，这场运动的目的是在企业自愿主义的基础上，重组社会、经济和环境体系的联合治理。

1.2.5 21 世纪：战略与共享价值创造

2000 年，联合国通过了《千年宣言》，提出了 8 个千年发展目标，并为今后 15 个千年发展目标制定了国际议程。同年，欧盟里斯本峰会发出宣言，强烈呼吁各欧盟企业能关注可持续发展，进一步创造更好的、更多的就业机会。2001 年 7 月，欧委会颁布了企业社会责任绿皮书。2001~2004 年，欧洲委员会举办了一系列会议，讨论企业社会责任（"布鲁塞尔的企业社会责任是什么""为什么要承担企业社会责任"），以及《如何促进和实施企业社会责任》（How to promote and CSR in Venice），并将其作为欧盟委员会（European Commission）总体业务方向规划的战略元素（Eberhard – Harribey，2006）。因此，欧盟委员会在 2005 年推出了"欧洲企业路线图——迈向有竞争力和可持续发展的企业"，概述了欧洲企业社会责任相关的未来几年的职责（CSR 欧洲）。实际上，这些事件转化为一个统一的愿景和对企业社会责任的理解，并将在欧洲企业中推广。2010 年欧盟委员会发布"欧洲 2020 战略"，将企业社会责任融入"智能性""可持续性""全面性"的三重经济增长战略目标；同年底，《ISO 26000》颁布，确定了组织管理、人权、劳工实践、环境、公平运营、消费者权益、社区参与和发展七项主题，为全球企业共担社会责任提供了重要的标准。2011年，欧盟委员会再提出"CSR2011-2014战略"，提出企业应把社会、环境、道德、人权、消费者关系融入其商业运营的核心战略当中，并实现"最大限度创造共享价值和减轻负面影响"的长期战略目标。2015年，欧共体举办了一个关于企业社会责任的多方利益相关者论坛，论坛的结论是欧共体应继续在促进企业社会责任方面发挥重要作用，并帮助将社会责任纳入企业的战略（欧盟委员会，2015年）。2015年，欧洲企业社会责任协会通过企业2020年宣言，旨在通过其网络（CSR Europe，2016）接触到的10000家公司，确保为其利益相关者创造价值。《宣言》侧重于在五个关键领域创造价值：（1）通过促进负责任和可持续的商业实践产生社会影响；（2）会员参与度和满意度，旨在确保CSR欧洲的工作连续性，以实现其使命和社会影响；（3）金融稳定；（4）员工敬业度注重个人发展和组织能力的投入；（5）环境影响评估，确定需要改进的地方（CSR Europe，2016）。

总之，公司正面临越来越多的要求，希望他们不仅仅只考虑自己的利益，更要优先考虑他们所经营的社会的利益（Broomhill，2007）。社会对企业的期望不断提高，要求企业尽量减少其活动的危害，不仅要实现经济价值，而且要实现真正的社会和环境价值；需要明确的企业价值观和目标声明来引导企业，并开发接收和响应这些市场和社会信号的系统。企业社会责任除了有助于建立企业的声誉资产外，还有助于减轻来自社会或社区的负面影响，但企业产生负的外向性时，这些社会或社区可能因受到企业活动的伤害而出现对抗行为。如果企业组织只以利润为中心，而不太关心他们的社区情况，这种损失将是无法避免的。越来越多的公司被要求对公平贸易、环境恶化以及当地的社会经济问题负责。企业也开始意识到，不能忽视社会对其的要求，而且企业本身也可以从企业社会责任中获益。在开发企业社会责任时，企业要考虑额外的价值和长期的责任，以满足所有相关方的期望和解决关键观点。

当代社会的新挑战是重新定义生产力，因为"知识工人的生产力实际上需要后资本主义社会组织结构和社会本身结构的剧烈变化"。这些变化是企业社会责任讨论的核心。在这方面反复出现的一个术语是伙伴关系。例如，"与负责任的员工建立伙伴关系是提高生产率的唯一途径"。其他任何办法都不管用"。这种权力分配的变化是有效企业公民的核心。范式的转变是从"以权力为基础的组织转变为以责任为基础的组织",包括"从问我们有权做什么,到问我们应该负责什么?"。

经过近百年的实践与发展,企业社会责任的内涵和外延都得到不断的发展扩大,今天,企业社会责任已经涉及环境污染、生态保护、生产安全、员工福利、消费者保护等多个领域,无论在理论界还是实践界都获得了丰富的成果。

但是,迄今为止,对于企业社会责任的明确界定仍在发展研究中,尚未形成共识。在内涵上,有些人认为,它仅仅传达了法律责任的概念;但有些人则认为,它还意味着道德意义上的社会责任行为。在哲学层面,有人认为是因果模式下的"负责任";也有人干脆把它等同于慈善捐款;还有人把它理解为社会意识。在"归属""适当"或"有效"的语境中,它仅仅是"合法性"的同义词;甚至有人认为这是一种受托责任,将更高的行为标准强加给商人,而不是普通公民(Carroll,1999)。半个世纪以来,学术界和实务界一直在为这一概念建立一个普遍都认可的明确定义而努力。

传统上,企业社会责任被定义为企业在其核心业务之外的社会参与、响应能力和责任,并超越法律的要求和政府的其他要求(Chapple and Moon,2005)。具体来说,企业社会责任由其潜在的战略目标(如合法性、对社会外部性的责任和竞争优势)、驱动因素(如市场、社会监管和政府监管)及导向(如经济、法律、伦理和慈善)确定(Carroll,1998;维瑟,2008)。总的来看,企业社会责任的研究呈现出多样化的趋势,至今尚未对其的确切定义达成共识(Scherer and Palazzo,2007)。不同学者和组织对此提出各自的见解,如企业社会责任就是"使企业决策的结果对利益相关者有利而不是有害"(Edwin M. Epstein,1987),是"企业超过法律和经济要求的、为谋求对社会有利的长远目标所承担的责任"(Stephen P. Robbins,1991)等。在全球层面,企业社会责任还意味着关注社会、环境和经济问题(Elkington,1999),具体地说就是关注人权、工作条件、环境保护、消费者保护和反腐败等问题。Jonker和Schoemaker(2004)将企业社会责任描述为一种组织能力,将企业社会责任视为一种内在价值的运作方式。工作或企业社会责任要求发展适当的能力和技能,使决策和行为更广泛、更深入、更丰富和更可防御。

世界可持续发展工商理事会（World Business Council On Sustainable Development，WBCSD）提出："企业社会责任是企业承诺持续遵守道德规范，为经济发展做出贡献，并且改善员工及其家庭、当地小区、社会的整体生活质量。"WBCSD强调，企业社会责任是一个持续的过程，以道德为基础，关注员工以及当地和全球社区。它还明确了经济绩效与企业社会责任之间的关系。因此企业社会责任超越了慈善事业。它本质上基于与组织的产品、服务和主要流程相关的职责（SER，2001）。它是关于考虑额外价值和责任的挑战。按照这一思路，Karssing（2000）认为，企业履行社会责任的行为可以从以下四个方面进一步拓展：

（1）更广泛。尊重更多的价值，以便考虑到其他各方的利益以及其他观点和选择。

（2）更深层次。更全面地考虑过去和长期后果。

（3）更丰富。更多的论据被用来支持决策。

（4）更具防御性。行为越来越多地建立在合理的推理基础上，考虑到其他参与者的期望。

简单说，企业社会责任就是企业在财富创造过程中所应承担的对社会资产及环境保护的责任（Steiner and Steiner，2009）。

在众多学者当中，Carroll（1991）对企业社会责任的研究具有丰碑的作用。他构建企业社会责任"金字塔"模型，并确定了企业社会责任的四个组成部分——社会对组织所期望的经济、法律、道德和自由裁量（或慈善）的责任，其中经济责任或绩效是最优先考虑的，也是最基本的责任。企业社会责任主要包括企业的经济责任、法律责任、伦理责任和慈善责任（也可称自愿责任）（Carroll，1991），见表1-1。

表1-1　　　　　　　　Carroll 的企业社会责任界定

责任	社会期望类型	内容
经济责任	强制	1. 以符合每股收益最大化的方式运行 2. 尽可能的营利 3. 保持强大的竞争地位 4. 保持高水平的运行效率 5. 成功的公司是持续盈利的

续表

责任	社会期望类型	内容
法律责任	强制	1. 按照政府和法律的期望行事 2. 遵守各种联邦、州和地方法规 3. 做一个守法的企业公民 4. 履行法律义务 5. 满足最低法律要求
伦理责任	期望	1. 按照社会习俗和道德规范的期望行事 2. 认识和尊重社会采纳的新的或不断发展的伦理/道德规范 3. 为了实现公司的目标,防止道德规范受到损害 4. 良好的企业公民应该被定义为在道德或伦理上做人们期望的事情 5. 企业的诚信和道德行为不仅仅是遵守法律法规
慈善责任	要求/期望	1. 要以一种符合社会大众对慈善事业的期望的方式来表现自己 2. 协助美术和表演艺术 3. 经理和雇员在当地社区参与志愿和慈善活动 4. 为私立和公立教育机构提供帮助 5. 自愿参与能够提高社区"生活质量"的项目

资料来源:Archie B. Carroll. The Pyramid of Corporate Social Responsibiiity: Toward the Morai Management of Organizational Stakeholders. Business Horizons, 1991, 34 (4): 39-48.

根据 Archie B. Carroll 的研究,经济责任是其他所有责任的基础。第一次工业革命后,企业社会责任的概念尚未出现,仅仅依赖所有者的个人道德行为。古典经济学观点认为,管理层只有一个责任使所有者或股东的利润最大化。诺贝尔奖获得者、经济学家米尔顿·弗里德曼(Milton Friedman)是这一观点最直言不讳的支持者[①],他认为,社会问题不是商界人士所关心的,这些问题应该由不受约束的自由市场体系运作来解决。对于企业而言,只要能够被市场认可,能够高效地为社会提供产品和服务、为股东创造价值就算是履行了企业社会责任。

其次就是法律责任。企业要遵守法律,因为法律是社会对可接受和不可接受行为的编纂。经济责任和法律责任体现了关于公平和正义的伦理规范。

---

① 1970年9月13日,弗里德曼在《纽约时报》刊登题为《商业的社会责任是增加利润》的文章,指出"极少趋势,比公司主管人员除了为股东尽量赚钱之外应承担社会责任,更能彻底破坏自由社会本身的基础""企业的一项、也是唯一的社会责任是在比赛规则范围内增加利润"。

除了企业的经济和法律责任外，企业还要根据社会的价值观和要求，对社会承担相应的义务（Robert Ackerman，1976），即企业的道德责任。与经济责任和法律责任不同，伦理或道德责任包括那些社会成员期望或禁止的行为，而这些行为并未被编入法律。道德责任包含那些标准、规范或期望，这些标准、规范或期望反映了对消费者、雇员、股东和社区所认为的公平、公正或与尊重或保护利益相关者的道德权利保持一致的关注。在最基本的层面上，这是做正确、公正和公平的事情的义务，并避免或尽量减少对利益相关者（员工、消费者、环境和其他人）的伤害。一个社会中，道德的价值观的改变要先于法律的确立，并成为立法的推动力。所以道德责任可以被视为包含社会期望企业达到的新出现的价值观和规范，这些价值观和规范可能反映了比当前法律要求更高的绩效标准。由于道德责任并没有明确的界定，在法律中也没有相应的参考，因此企业很难把握。虽然它被描述为企业社会责任"金字塔"的下一层，但必须不断认识到它与法律责任范畴是动态互动的。也就是说，它一直在推动法律责任范畴的扩大，同时对商人寄予越来越高的期望，要求他们在高于法律要求的水平上开展业务。此外，企业的社会责任还叠加着对道德哲学的考量，如正义、权利和功利主义等原则。

最后，企业被期望成为一个好的企业公民，这体现在企业的慈善责任中。企业应该为社会贡献财政和人力资源，提高生活质量，因此慈善责任包括那些响应社会对企业成为优秀企业公民期望的企业行为，包括积极参与促进人类福利或善意的行动或项目。慈善责任和伦理责任的区别在于前者在伦理或道德意义上不被期待。对企业而言，慈善责任更为自由——虽然社会希望企业承担慈善责任，但如果企业没有进行慈善行为，也是可以的。所以有学者认为，慈善事业是人们高度渴望和珍视的，但实际上并没有其他三种社会责任那么重要。

综上所述，卡罗尔提出企业社会责任"金字塔"模型，见图1-1。他从企业考虑的先后次序及重要性角度分析，认为企业社会责任是"金字塔"形结构，其中经济责任是基础也占最大比例，法律的、伦理的以及慈善的责任依次向上递减。

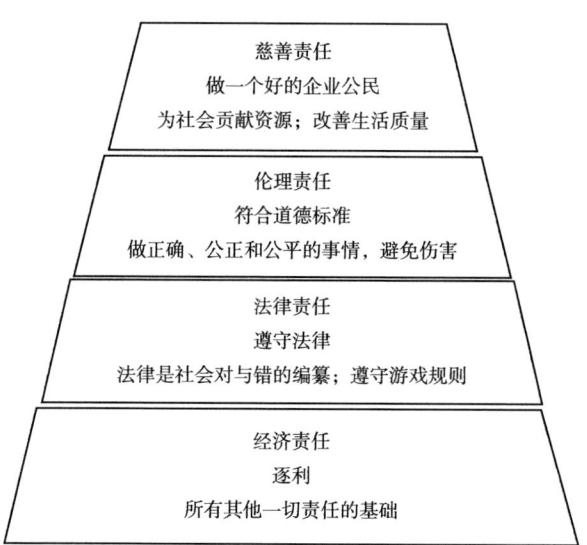

图 1-1 Carroll 的企业社会责任"金字塔"模型

资料来源：Archie B Carroll. The Pyramid of Corporate Social Responsibility: Toward the Moral Management of Organizational Stakeholders [J]. Business Horizons, 1991, 34 (4): 39-48.

卡罗尔的工作有助于进一步形成对企业社会责任的思考，以及企业与经营环境和员工和睦相处的努力。"金字塔"式的主题界定方法能够协调经济、法律、伦理和自由裁量权等方面的利益冲突，而这些利益冲突共同构成了我们所知的企业社会责任。同样，它也为我们提供了一个明确理解企业社会责任的组成部分和边界的机会。这些组成部分定义了"企业对社会的全部义务"，其中必须包含任何能够证明企业社会责任①合法性的定义。因此，一个企业要承担社会责任，就必须正确地承担起经济、法律伦理和自由裁量或慈善责任。

---

① The responsibility of the company to society is not about benevolence, philanthropy or solving the problems of the world, but about conducting its business profitably in a way which matches the values of contemporary society in its treatment of its employees and the physical and social environment wherever it operates. Certainly, a company whose practices are based on 'ordinary decency' will thrive, but this attractively naive concept is unlikely to be helpful to those who actually have to manage in the many countries today characterized by unrepresentative government, corruption, discrimination, violence and human rights violations. Companies are learning the hard way that their hugely increased scope and influence require … recognition that without forethought and principles they can and do exacerbate problems.

以弗里德曼为代表的传统经济学理论，对于卡罗尔的观点既有共识部分，也存在异议。弗里德曼（1970）提出，管理是"在遵循社会基本规则的同时，尽可能多地赚钱，这些规则既体现在法律中，也体现在道德习俗中"。将弗里德曼的观点与卡罗尔的观点进行比较可以发现，弗里德曼谈到的利润、遵守法律和伦理习惯包含在卡罗尔的企业社会责任"金字塔"中，但只涉及三个层面——经济、法律和伦理，并未涉及慈善的内容。因为，根据弗里德曼的观点，管理层只有一个责任：使所有者或股东的利润最大化，社会问题不是商界人士所关心的，这些问题应该由自由市场体系的不受约束的运作来解决。所以以弗里德曼为代表的传统经济学理论并不支持企业履行社会责任。

除了 Archie B. Carroll 外，也有一些学者对企业社会责任进行了维度划分。例如，Georges Enderle 将企业社会责任划分为三个维度：即经济责任、社会责任和环境责任；Denis Leonard 和 Rodney McAdam 认为企业社会责任应包括以下具体内容：人权、工作场所和员工问题，职业健康和安全，商业行为公平与否，组织治理，对环境的影响，市场和消费者问题，社区参与和社会发展问题等。作为企业社会责任的战略咨询组织，国际标准化组织（ISO）将企业社会责任描述为一种平衡的方式，使各组织以造福人民、社区和社会的方式解决经济、社会和环境问题。此外，世界可持续发展工商理事会（WBCSD）在对"企业社会责任"和"企业环境责任"进行区分的基础上，对企业社会责任下了两个定义，但都不包括环境方面的内容（WBCSD，1999，2000）。总之，要正确科学客观地理解企业社会责任的内涵，首先，必须将经济、社会和环境影响纳入所有业务活动，以创造可持续的经济增长；其次，要关注利益相关者管理及其对所有利益相关者的责任；最后，要遵守法律法规，尊重企业与社会之间的隐形契约。

正如 Geoffrey Chandler（The Economist，2005）所说："公司对社会的责任不仅仅是仁爱、慈善或解决世界的问题，还包括以符合当代社会价值观的方式进行营利经营，对待员工，对待周围的物质和社会环境。当然，一家以'符合常态'为基础的公司将会蓬勃发展，但这种诱人而天真的理念不太可能对如今许多国家的管理者有所帮助，因为这些国家的特点是政府缺乏代表性、腐败、歧视、暴力和侵犯人权。企业正在艰难地认识到，它们大幅扩大的业务范围和影响力需要……认识到,如果没有事先考虑和原则,它们可能会让问题更严重。"

总之,企业社会责任是一个综合的概念,它在公司内部建立负责任的行为,其目标、价值和能力以及利益相关者的利益(Meffert and Munstermann,2005)。它的概念通常强调承担责任的自愿性,超出了公司纯粹的经济责任和法律责任(Joseph,1963)。企业社会责任已经发展成为一种商业体系,通过实施和整合道德体系和可持续管理实践,使财富的生产和分配能够改善利益相关者(Frederick,2006)。企业社会责任是指企业对其社会影响所承担的责任;与利益相关方密切合作,将社会、环境、伦理、人权以及消费者关切纳入企业运营和核心战略的后果(欧洲委员会,2011)。企业社会责任是制度目标的选择和结果的评价,不仅以盈利能力和福利组织为标准,而且以道德标准或社会可取性判断为标准。在这一观点中,社会责任的履行必须与企业获得令人满意的利益水平的目标相一致,但也意味着为了达到非经济目标,愿意放弃一定程度的利益(John,2003)。

如今,企业社会责任已经成为现代公司理论的重要组成部分(Vogel,2005),也是企业战略决策的重要组成(Delmas and Toffel,2008)——不仅是"企业价值最大化的明智选择"(Jensen,2002),更是企业价值创造的战略行为(Siegel,2009)。企业社会责任的主要目的在于保证商业活动的行为能够对经济、社会和环境起到积极的作用,因此企业社会责任是超越商业概念的更为广泛的责任(Henderson,2007)。

2015年,Carroll进一步对企业社会责任进行研究,概述了企业社会责任概念的演变,并将关注点转移到相互竞争和互补中去。Carroll(2015)回顾了利益相关者参与和管理、商业道德、企业公民意识、企业可持续性以及共同价值创造的概念,并得出结论,所有这些概念都是相互关联和重叠的。Carroll(2015)指出,所有这些概念都已被纳入企业社会责任,这也是他将企业社会责任定义为社会责任商业运动的基准和核心部分的原因。

2019年,Latapí Agudelo、Jóhannsdóttir和Davídsdóttir回顾了影响企业社会责任理解和定义的最相关因素,从企业社会责任作为概念范式的演变视角,对其概念的演变方式进行了梳理,见表1-2。

表 1-2　　　　　　　　企业社会责任学术理解的演进

时间	内　　容
1953	鲍恩定义，企业管理者的社会责任是根据社会价值观做出决策
1960	Davis 认为，就经济和人文价值而言，商人对社会负有广泛的义务。因此，"商人的社会责任必须与其社会权力相称"
1970—1971	经济发展委员会（美国）对公司的作用提供了一种新的理解，"企业的职能是由公众提供的，它的基本目的是建设性地为社会的需要服务，使社会满意"，"商业的存在是为了服务社会"［经济发展委员会（美国），1971］
1979	Carroll 提出，企业社会责任包括经济、法律、伦理和自由裁量的期望
1980	Jones 提出，企业社会责任应该被视为一个可以影响企业行为的决策过程
1991	Wood 创建了一个基于企业社会责任原则的企业社会绩效模型，并将企业行为的结果界定为社会影响
1991	Carroll 提出企业社会责任金字塔模型，并指出企业应该成为良好的企业公民
1996	Burke 和 Logsdon 定义了战略企业社会责任的 5 个维度，这些维度能够以企业经济利益的形式产生可识别和可衡量的价值创造
2001	Lantos 提出，企业社会责任是对企业与社会之间的隐性社会契约的回应，当它成为公司盈利管理计划的一部分时，它是战略的组成部分
2003	Marrewijk 提出，战略企业社会责任是对社会各个部门的新角色和责任的响应
2005	Chandler 和 Werther 认识到，社会责任的转变将"社会责任从最小的承诺转变为……成为一种战略需要，可以转化为可持续的竞争优势"
2006	Porter 和 Kramer 提出，SCSR 帮助公司获得竞争优势，从而创造共同的价值
2007	Husted 和 Allen 提出，SCSR 通过不断创造价值的驱动在新的领域产生机会，同时不可避免地与社会需求相联系
2008	Heslin 和 Ochoa 认为，即使是量身定制的供应链管理，也遵循 7 条共同原则：培养核心人才，开发新市场，保护劳动福利，减少环境足迹，从副产品中获利，让客户参与，绿色供应链
2011	Porter and Kramer 提出，"企业的目的必须重新定义为创造共享价值，"因此，创造共享价值（CSV）应该取代 CSR
2012	Trapp 将 CSR + 视为企业对其关注的社会和全球问题的反应活动，其中一些关注可能与企业的核心业务并没有直接联系

时间	内　　容
续表	
2013	Chandler 和 Werther 认为 SCSR 是公司战略决策和日常运营的核心，并声称通过 SCSR，公司可以高效和对社会负责的方式创造基于市场的产品/服务
2015	Carroll 总结提出，利益相关者参与和管理商业道德、企业公民意识、企业可持续性以及共享价值的创造等概念都是相互关联、相互重叠的，并且都已经被纳入了企业社会责任。卡罗尔将企业社会责任定义为社会责任运动的基准和核心
2016	Chandler 将可持续价值的产生定义为 SCSR 的主要目标

资料来源：M. A. Latapí Agudelo, L. Jóhannsdóttir, & B. A. Davídsdóttir. Literature review of the history and evolution of corporate social responsibility. International Journal of Corporate Social Responsibility. 2019，4：1 https：//doi. org/10. 1186/s40991－018－0039－y.

1.3 企业社会责任的阶段理论

此外，近些年也有学者从不同视角提出企业社会责任的发展阶段，丰富了相关研究。

1.3.1 Frederick：企业社会责任四阶段

Frederick（2008）认为，因为美国在自由市场意识形态和有限的政府监管的支持下市场经济盛行，所以企业社会责任在美国的历史比其他大多数国家都要长，结果就使人们更加期望私营企业而不是政府提供社会服务。因此，在 20 世纪初，美国的企业社会责任思想主要来自企业部门，特别是大公司的高层管理人员。

Frederick（2008）通过对美国企业社会责任的变迁进行系统的研究，认为企业社会责任的概念就经历了一系列的发展阶段，不同时期的企业社会责任有许多不同的形式和表现形式，见表 1－3。

根据表 1－3 可以看出，在 CSR1 时期，企业管理者既是公共受托人，又是社会管家。慈善行为是主要的手段，力图减少贫富差距，并依此实现社会的公平。

表1-3 企业社会责任发展历史阶段

企业社会责任阶段	特 点
CSR1 企业社会管家 (CORPORATE SOCIAL STEWARDSHIP) 20世纪50~60年代	指导原则：企业管理者是公共受托人和社会管家 主要行动：企业慈善 驱动因素：企业高管的良心和企业的声誉 政策工具：慈善和公共关系
CSR2 企业社会响应 (CORPORATE SOCIAL RESPONSIVENESS) 20世纪60~70年代	指导原则：企业应响应社会的正当需求 主要行动：与利益相关者互动，遵守公共政策 驱动因素：利益相关者的压力和政府的要求 政策工具：利益相关者谈判和法律法规
CSR3 企业道德/商业道德 (CORPORATE/BUSINESS ETHICS) 20世纪80~90年代	指导原则：创建和维护道德的企业文化 主要行动：尊重所有利益相关者 驱动因素：人权和宗教—民族价值观 政策工具：使命宣言、道德规范、社会契约
CSR4 企业全球公民 (CORPORATE GLOBAL CITIZENSHIP) 1990~2000年	指导原则：承担企业全球影响的责任 主要行动：全球可持续发展计划 驱动因素：经济和环境的全球恶化 政策工具：国际规范合规、可持续性政策

资料来源：Frederick W. C. (2008). Corporate social responsibility: deep roots, flourishing growth, promising future, in The Oxford Handbook of Corporate Social Responsibility, Chapter 23, eds Crane A., Williams A., Matten D., Moon J., Siegel D. S., editors. (New York, NY: Oxford University Press), 522-531.

到了CSR2阶段，企业社会责任的内涵得到了扩展，增加了法律要求的企业对许多社会需求的反应。20世纪60年代，美国社会矛盾日益突出，工作环境的健康问题和安全条件、工作场所的种族歧视和性别歧视、企业产生的工业污染、产品的可靠性和有效性、投资者所获信息是否充分等各种问题频发，原有的慈善行为已无法满足公众的要求。公众希望企业能对他们的社会需求有所回应，并通过有效的途径解决社会问题。

在CSR3时期，企业的道德文化开始出现，并通过社会契约实现与广大利益相关者的关系构建。在这一时期，公司的政策、战略和决策的规范性原则受到企业文化、道德价值观等影响，并通过企业文化等获得利益相关者的认可。每个商业公司都形成自己独特的组织文化，这种文化对公司的行为、追求的目标和在公司工作的人产生很大的影响。

到了 20 世纪末，企业社会责任进入 CSR4 阶段，随着全球问题的普及，企业成为全球性企业公民的呼声日益高涨，要求企业对人类社会和自然环境负责。Frederick（2008）认为，公司作为法人实体，与市民社会的其他成员有相同的职责和义务：遵守法律，促进公益，参与治理，尊重其他公民。作为公民，他们对自己的行为负责，他们的所有者和董事负责对公司的运营和资产进行受托监管。跨国公司不同于非跨国公司，它们不仅仅是一个或两个国家的公民，而是他们经营业务的所有社会的公民，他们的社会责任已经在范围和程度上成为世界性的。作为全球公民，有责任对所有利益相关者负责，力图实现公司、社会、国家乃至整个地球生态系统的可持续发展。

随着 21 世纪的到来，Frederick（2008）认为，一个新的企业社会责任阶段——CSR5：可持续性阶段（sustainability）（2000～2050 年）开始了。全球变暖、气候变化、海平面上升和无法居住的环境污染的威胁这一阶段远远超出了商业公司及其利益相关者的范围，还涉及政府、国际组织、社区组织和全球公民的全球责任。如何可持续增长，将是所有利益相关主体寻求并找到一个综合的整体解决方案的努力方向。

1.3.2　Visser：CSR2.0

Visser（2008）在《CSR2.0：企业社会责任的新时代：企业的可持续发展和责任》（*CSR2.0：The New Era of Corporate Sustainability and Responsibility*）谈及：企业社会责任、可持续发展、企业公民意识和商业道德等领域正在引领企业与社会关系进入一个新时代。简单地说，我们正在从旧的企业社会责任概念——CSR 1.0 的经典概念"企业社会责任"——转向一个新的、综合的概念——CSR 2.0，它可以更准确地称为"企业可持续发展和责任"。在文中，Visser（2008）企业社会责任分为五个阶段——防御型阶段、慈善型阶段、促销型阶段、战略型阶段和系统型阶段，并分别对每个阶段的方法、关键驱动和涉众目标等进行详尽阐释。其中，防御型阶段、慈善型阶段、促销型阶段、战略型阶段属于 CSR1.0 时代，内生的缺陷注定这个时代终将以失败告终，并走向新的时代——系统型阶段，即 CSR2.0 时代（见表 1-4）。

表 1-4　　　　　　　　企业社会责任阶段划分

经济时代	所处阶段	方法	关键驱动	涉众目标
贪婪时代	防御型阶段	特定干预	投资	股东、政府和员工
慈善时代	慈善型阶段	慈善项目	项目	社区
营销时代	促销型阶段	公共关系	媒体	普通大众
管理时代	战略型阶段	管理系统	准则	股东、非政府组织
责任时代	系统型阶段	商业模式	产品	监管机构和客户

资料来源：Wayne Visser. CSR 2.0：The New Era of Corporate Sustainability and Responsibility, CSR International Inspiration Series, No.1, 2008.

1.3.2.1　CSR1.0 时代

在 CSR1.0 时代，每个阶段都因所处经济时代而具有特定的含义。贪婪时代的特征是防御型的企业社会责任，企业的所有可持续发展和责任实践是有限的，且只有在能够证明股东价值将因此得到保护的情况下才会进行。因此，员工志愿方案（显示出员工积极性、承诺和生产力得到改善的证据）并不少见，而支出（例如，在污染控制方面的支出）也不罕见，因为这些支出被视为是为了避免被调查或避免罚款和惩罚。

慈善时代的企业社会责任是指企业通过捐赠和赞助支持各种社会和环境事业，通常通过基金会、信托基金或董事长基金管理，旨在增强社区团体或市民社会组织的权能。

营销时代的企业社会责任主要是将履行责任视为提升企业品牌、形象和声誉的公关机会。推广企业社会责任可以借鉴慈善和战略企业社会责任的做法，并将其转化为公关宣传，也就是通常被称为的"绿色清洗"。

管理时代的企业社会责任上升到企业战略层面，意味着企业社会责任活动成为公司的战略行为，该行为通常通过企业社会责任准则来实现责任履行和环境管理系统，通常包括企业社会责任政策发展的周期、目标设定和规划、实施、审计和报告。

Wayne Visser（2012）将这四个阶段称为 CSR1.0。在理想的情况下，企业应该在每个成熟阶段的基础上走向下一个阶段。如果企业停滞不前，企业社会责任建设将以失败告终。Visser（2012）认为，这四个阶段都以失败告终，究其原因，在于以下三点，见表 1-5。

表 1-5　　　　　　　　　　CSR1.0 的失败

失败类型	失败的本质
被边缘的企业社会责任	企业社会责任在很大程度上仍然局限于最大的公司，而且主要局限于公关或其他部门，而不是整合到整个业务中
渐进式企业社会责任	企业社会责任采用了质量管理模式，导致了与问题的规模和紧迫性不匹配的渐进式改进
非经济企业社会责任	企业社会责任并不总是具有经济意义，因为短期市场仍然奖励那些将成本外化到社会的公司

资料来源：Wayne Visser. CSR 2.0：The New Era of Corporate Sustainability and Responsibility, CSR International Inspiration Series, No.1, 2008.

企业社会责任处于企业的外围，属于公共关系、营销、企业事务或人力资源部门。它被视为一个"附加组件"，明确用于提升品牌资产或公司声誉。虽然有些企业实施企业社会责任战略，试图使企业社会责任活动与其行业影响相一致，或通过管理系统嵌入企业社会责任，但他们也完全无法改变公司的战略方向或核心业务，或降低其流程、产品和服务的有害影响。

最广泛应用的企业社会责任标准 ISO 14001，明确地将 ISO 9001 方法设计应用于管理系统（包括 MBOs）和环境管理。虽然帮助企业环境绩效实现渐进式的提高，但 ISO 14001 也存在局限性：企业自己设定目标，并以自己的速度和判断力取得进展。此外，它依然无法显著降低企业受到的负面影响，而这些负面影响要么与企业的业务性质有关，要么与它们提倡的消费驱动型生活方式有关，要么与资源和能源密集型产品和服务的影响有关。

尽管越来越多的企业加入履行社会责任的大军，但微观层面的改善并未能实现宏观层面的改善——社会、环境或道德品质进一步恶化，森林砍伐、生物多样性丧失、腐败愈演愈烈。在以股东为驱动、以增长为导向的全球资本主义经济中，企业社会责任的渐进式做法根本无法达到所需的规模和满足当时的紧迫性，也无法触及企业系统性的不可持续性和不负责任的根源。

1.3.2.2　从 CSR1.0 到 CSR2.0

企业社会责任将其活动重点放在确定和解决当前不可持续性和不负责任的根本原因上，通常通过创新的商业模式，改革其流程、产品和服务，以及游说各国和国际政策进而实现目标。Visser（2012）认为，要实现 CSR2.0，首先需要遵守以下原则：

原则1：创造力（Creativity）

为了在企业社会责任革命中取得成功，我们需要创新和创造力。我们从托马斯·库恩关于科学革命结构的著作中得知，只有当我们能够重新认识我们的世界，当我们能够找到一种真正的新范式或思维模式时，才会发生逐步变化。首先，这个"创造性破坏"的过程是当今广为接受的社会变革理论。

原则2：可扩展性（Scalability）

当今世界面临着巨大的可持续发展问题，但现有方案无论从可适用规模还是匹配性都难以解决当前的问题。

原则3：响应性（Responsiveness）

CSR 2.0响应性还意味着更高的透明度，无论全球报告倡议还是碳披露计划等报告，都可以实现关键知识资源的共享。

原则4：全球本土化（Glocality）

glocalization一词来源于日语dochakuka，意思是全球本土化。dochakuka最初指的是一种使农业技术适应当地条件的方法，20世纪80年代日本商人采用它时，dochakuka演变成了一种营销策略。随后，曼弗雷德·兰格（Manfred Lange）、罗兰克·罗伯逊（Rolanc Robertson）、基思·汉普顿（Keith Hampton）、巴里·威尔曼（Barry Wellman）和齐格蒙特·鲍曼（Zygmunt Bauman）于20世纪90年代在西方引入并推广了这一概念。在企业社会责任的背景下，开始提出"本土思考，全球行动（think global, act local）"的理念。在复杂的、相互关联的CSR 2.0世界中，企业（以及它们的批评者）必须在不放弃基本原则的前提下，变得更加老练，要深入了解本地环境，并找到适合本地特征的解决方案。

原则5：可循环（Circularity）

CSR2.0可循环的理念，意味着生产过程中产生的废水、废物等可以作为原料进入工业循环。William McDonough和Michael Braungart在《从摇篮到摇篮》（*Cradle to Cradle*）（2002）中设计的工业模型中就对这种思想进行了扩展。

在五大原则的基础上，Visser（2012）进一步提出了CSR2.0的DNA模型，见表1-6。

表 1-6　　　　　　　　　　CSR2.0 的 DNA 模型

DNA 编码	战略目标	关键指标
价值创造	经济发展	资本投资（金融、制造业、社会、人力、自然资本） 有益的产品（可持续的、负责任的产品和服务） 包容性商业（财富分配，"金字塔"底层市场）
良好的治理	机构有效性	领导（对可持续发展和责任的战略承诺） 透明度（可持续性及责任报告、政府付款） 道德实践（贿赂及防贪、商业价值）
社会的贡献	利益相关者导向	慈善事业（慈善捐款、提供公共物品及服务） 公平的劳工协议（工作条件、雇员权益、健康及安全） 供应链完整（中小企业赋权、劳工及环境标准）
环境的完整性	可持续的生态系统	生态系统保护（生物多样性保护与生态系统恢复） 可再生资源（应对气候变化、可再生能源与材料） 零废物产生（摇篮到摇篮的过程，消除废物）

资料来源：Wayne Visser. CSR 2.0：The New Era of Corporate Sustainability and Responsibility，CSR International Inspiration Series，No.1，2008.

1.4 责任之争

在理论界，学者们对企业社会责任的争议自其诞生之日就开始了，一直延续至今。关于企业社会责任的争论，主要集中在两个方面：（1）企业是否应对除股东之外的利益相关者负责，即企业该不该对社会负责；（2）企业应对利益相关者应负什么责任，即如果企业该对社会负责，具体应负何种责任。这两个争论在理论界争论已久，依然无法得到共识，而企业则在实践中，对这两个争议有着各自的认识，通过自主性的治理，用行动回答了这些问题。

古典经济学观点认为"企业的社会责任是增加利润"（Friedman，1970）。公司的所有者应该对利润最大化感兴趣，这是公司决策的关键。企业社会责任投资往往被视为冗余资源（slack resources）。他们认为，企业中的冗余资源是无效的，应该被根除（Jensen and Meckling，1986；Fama，1980）。他们认为，商业的唯一目的是利润，履行责任不利于实现企业逐利，因此社会责任被认为是政府的主要责任。以阿道夫·贝尔（Adolf Berle）为代表的研究者认为，它违背了商业的营利功能。它甚至没有为公司支付任何有意义的红利来承担社会责任。这种争论，一直延续到了今天，越演越烈。支持者们强调，"它促进和促进经理的道德行为，这对公司声誉有积极的影响"。换句话说，承担社会责任是提升企业声誉的重要因素。反对者依然坚持"声称这是昂贵的，并且与股东回报最大化的卓越目标不一致"。

从利益相关者的角度来看，公司不仅要对公司的所有者负责，也要对利益相关者负责，因为利益相关者会影响公司的活动，同时也受到公司的活动影响（Freeman，1984）。这类学者认为，冗余资源也有积极的作用，可以促进可持续发展（Cyert and March，1963；Thompson，1967；Pfeffer and Salancik，1978），即企业社会责任是有利于增加企业价值的。早在20世纪30年代，梅里克·多德（Merrick Dodd）就认为，企业社会责任不仅是企业的一项正义的义务，而且是一项具有巨大效益的义务。从社会的角度来看，如果企业的效率提高了，那么用于企业社会责任的资源就会得到更好的利用（Friedman，1970）。企业行为的公众可见性对于成为具有社会责任的管理者是必要的，企业作为社会的一个重要组成部分，对社会问题的解决负有责任（Davis，1974）。管理者并非来自民选，所以当管理者参与企业社会责任时，就很容易受到大力支持（Carson，1993）。Freeman（1984）为这一观点进行了辩护，并发展了利益相关者理论。与企业社会责任相关的股东决议内容涉及广泛，从劳动条件到全球变暖都在其中。各国政府也开始对企业社会责任报告进行规定，有些国家甚至欲将其上升为法律的高度，希望通过立法要求所有上市公司披露道德规范，在年度报告中说明社会和环境方面的风险。

此外，从社会学角度看，企业所应承担的社会责任最为广泛，即公司应该对整个社会负责。这种观点认为公司是社会的一部分，因此他们需要一张来自社会的"经营许可证"（Committeefor Economic Development，CED，1971），达到这种要求的公司就是所谓的"良好的企业公民"（good corporate citizens）（Waddock，2004）。

第 2 章

企业社会责任的维度

企业社会责任是一个复杂的、多维的组织现象,旨在重新评价和重新调整本组织与其更广泛背景之间的关系。有社会责任感的公司在做决策时考虑到对社区和环境的全面影响,平衡利益相关者的需求和盈利的需要。企业社会责任本质上是将企业责任的重点从法律责任范围内股东的利润最大化转移到更广泛的利益相关者的责任,包括共同关心的问题,如保护环境、道德和法律责任等。

Archie B. Carroll 认为企业社会责任包括企业的经济责任、法律责任、伦理责任和自愿责任,并依据这四个维度构建了企业社会责任"金字塔"模型。1991 年,Carroll 重新审视了他对企业社会责任的四部分定义,并将多重企业社会责任的概念组织在一个"金字塔"结构中。在这个"金字塔"中,经济责任是基础,自由或意志是顶点。这种重新审视的概念意味着这四种责任是综合的,例如,想要有道德的公司必须在经济上和法律上负责。从这个角度来看,经济和法律责任是社会要求的,道德责任是社会期望的,而慈善事业是社会渴望的(Windsor, 2001),这些责任都包含在一个公司的全部社会责任中。

1994 年,英国学者约翰·埃尔金顿(John Elkington)首次提出提出了平衡公司的社会、环境和经济影响的可持续性框架——"三重底线"(The triple bottom line,缩写为"TBL"或"3BL")的观点,意思为在扩展或获取资源和经济价值时兼顾环境和社会的和谐统一,即经济、社会、自然环境三方面的平衡统一。The triple bottom line 是一个衡量组织或社会成功的新价值标准——从经济、生态和社会意义三方面对组织或社会的行为进行综合考虑。即组织或社会的发展要兼顾自身、社会大众和自然环境的利益,要具有可持续性。1997 年,Elkington (1997) 提出了经济繁荣、环境质量和社会正义三重底线的概念,认为建立三重底线的关键是利益相关者的协商,只有这样才能确保将来的可持续发展。三重底线方法被广泛应用于评估企业的经济、社会和环境影响中。1998年，Elkington（1999）将环境、社会和经济之间的相互作用描述为三个"剪切带"，为组织提供了各种各样的机会和挑战。清洁技术和减排的许多进步都来自经济环境"剪切带"，这是一个企业最容易接受的领域，因为它为企业带来了可衡量的利益。社会环境和社会经济"剪切带"的结果更加模糊（至少对企业来说是这样），尽管人们认为，为了长期生存，组织也需要整合这些因素。后来，Elkington（1998）解释说，三重底线绩效（社会、环境和经济）方法的效果取决于私人、公共部门之间以及利益相关者之间长期有效的伙伴关系。三重底线的概念在20世纪90年代后期作为一种可持续性的实践方法而流行起来，它在企业社会责任的讨论中仍然很重要，因为它表明企业需要有对社会和环境负责的行为，而这种行为可以与企业的经济目标相平衡。商业和社会之间的主要关系纽带就是经济。公众开始关注经济增长所带来的社会和环境影响，社会福利和环境保护方面立法的增加，使许多公司开始评估其商业活动的社会和环境影响。三重底线方法的理论视角侧重于最大化可持续性机会（企业社会责任、利益相关者关系和企业治理），同时最小化与可持续性相关的风险（企业风险管理、环境、健康和安全审计和报告）。三重底线的支持者声称，通过使用这些和其他参数，有可能绘制出可持续发展的环境和社会领域，并最终对企业在三重底线上的表现进行评估。

  Dahlsrud（2008）对之前学者们关于企业社会责任的定义进行详尽的研究，并选取了37个企业社会责任的定义进行研究。虽然所研究的企业社会责任界定远低于早期学者们的研究成果，而且许多学术上派生的其他定义构念因为识别方法的原因也未包括在内，但其研究基本勾勒出学界对企业社会责任的总体认识。Dahlsrud（2008）研究发现，对企业社会责任界定存在混淆并不在于企业社会责任是如何被定义的，而更多的是在特定的背景下企业社会责任是如何被社会构建的。他发现，企业社会责任被视为一种社会建构，因此不可能有一个统一全面的定义。在此发现基础上，他进一步研究了不同定义之间的异同，通过对所选取的企业社会责任界定进行详尽的内容分析，提出了企业社会责任的五个维度，即慈善责任（voluntariness）、利益相关者责任（stakeholder）、社会责任（social）、生态责任（environmental）、经济责任（economic），详见表2-1。

第 2 章 企业社会责任的维度

表 2-1　　　　　　　　主要的企业社会责任界定及其维度

定义来源	定　义	涉及维度
Commission of the European Communities, 2001	将社会和环境问题纳入公司的业务运营,并在自愿的基础上与利益相关者进行互动	慈善 利益相关者 社会 生态 经济
WorldBusiness Council for Sustainable Development, 2000	企业致力于可持续经济发展,与员工、家庭、当地社区和整个社会合作,并提高他们的生活质量	利益相关者 社会 经济
World Business Council for Sustainable Development, 2000	企业社会责任是企业坚持道德行为约束和促进经济发展,同时提高劳动力及其家庭以及当地社区和整个社会的生活质量	慈善 利益相关者 社会 生态
Commission of the European Communities, 2001	企业社会责任本质上是公司自愿决定为更好的社会和更清洁的环境做出贡献	慈善 社会 生态
Business for Social Responsibility, 2000	商业决策与道德价值观,遵守法律要求并尊重人,社区和环境	慈善 利益相关者 社会 生态 经济
Business for Social Responsibility, 2000	以满足或超出社会商业道德、法律、商业和公众期望的方式经营企业。社会责任是每项决策和企业各个领域的指导原则	慈善 利益相关者 经济
IBLF, 2003	基于道德价值观的公开透明的商业实践,尊重员工、社区和环境,进而借此实现可持续的商业成功	慈善 利益相关者 社会 生态
Khoury et al., 1999	企业社会责任是与公司有关的所有利益相关者的关系,包括客户、员工、社区、业主/投资者、政府、供应商和竞争对手。社会责任的要素包括对社区发展、员工关系、创造和维持就业、环境管理和财务业绩的投资	利益相关者 社会 生态 经济

续表

定义来源	定 义	涉及维度
Business for Social Responsibility, 2003b	企业社会责任通过尊重道德价值、尊重人、社区和自然环境的方式获得商业成功	慈善 利益相关者 社会 生态 经济
Commission of the European Communities, 2003	企业社会责任涉及企业对所有利益相关者的影响。要求企业公平、负责任地行事，促进经济发展，同时提高劳动力及其家庭以及当地社区和整个社会的生活质量	慈善 利益相关者 社会 经济
CSRwire, 2003	是业务运营和价值观的整合，在公司的政策和行为中，体现出包括投资者、客户、员工和环境在内的所有利益相关者的利益	慈善 利益相关者 生态 经济
Hopkins, 1998	企业社会责任是指对待企业利益相关者的方式符合道德规范。利益相关者既存在于公司内部，也存在于公司外部。因此，具有社会责任感的行为将促进公司内外利益相关者的发展	慈善 利益相关者 社会
Ethics in Action Awards, 2003	企业社会责任是一个术语，描述了一个公司在其所有经营和活动中对所有利益相关者负责的义务。有社会责任感的公司在做决策时考虑到他们对社区和环境的全面影响，平衡利益相关者的需求和他们的盈利需求	利益相关者 社会 生态 经济
Jones, 1980	公司对股东以外的社会团体负有法律和工会合同规定之外的义务	慈善 利益相关者
Hopkins, 2003	企业社会责任关注的是对待问题的负责任的态度。"道德上或负责任的"是指以文明社会可接受的方式对待利益相关者。社会包括经济责任。利益相关者既存在于公司内部，也存在于公司外部。社会责任的更广泛的目标是为公司内外的人们创造越来越高的生活水平，同时保持公司的信誉	慈善 利益相关者 社会 经济

续表

定义来源	定 义	涉及维度
Marsden，2001	企业社会责任是企业的核心行为，是企业对其所经营的社会产生的总体影响的责任。企业社会责任不是可选的附加组件，也不是慈善行为。社会责任公司是指经营一项可持续经营的业务，并考虑到其对社会产生的所有积极和消极的环境、社会和经济影响	社会 生态 经济
McWilliams 和 Siegel，2001	在公司利益和法律要求之外，能促进某些社会公益的行为	慈善 社会
Ethical Performance，2003	企业对其整体影响的责任，需要将社会价值观融入其核心业务以及对社会和环境的影响。人们普遍认为，责任包括一系列方面的内容——从经营到员工的健康和安全，以及对社会的影响	利益相关者 社会 生态
Global Corporate Social Responsibility Policies Project，2003	一种基于道德价值观对工人、社区和环境的尊重的商业行为	慈善 利益相关者 社会 生态 经济
Commission of the European Communities，2002	企业在其法律义务和经济/商业目标之外所承担责任及行为。其内容涵盖了一系列领域，可以总结为社会和环境——在这些领域，社会意味着广义的社会范畴，而不仅仅是社会政策问题。可总结为三重底线方法：即经济、社会和环境	慈善 社会 生态 经济
Pinney，2001	确保企业在最大化其积极影响的同时，将其运营对社会的负面影响最小化的一套管理实践	社会
IndianNGOs.com，2003	一个商业过程，在这个过程中，机构和个人都对其工作对内外部社区、自然的直接和间接的影响非常敏感和谨慎	利益相关者 社会 生态 经济
Business for Social Responsibility，2003a	社会责任的商业实践加强了企业的责任，尊重道德价值观和所有利益相关者的利益。负责任的商业行为尊重和保护自然环境——改善生活质量，赋予人们权力，对所在的社区进行投资	慈善 利益相关者 社会 生态 经济

续表

定义来源	定 义	涉及维度
Kilcullen 和 Kooistra, 1999	企业在遵守国家法律之外所承担的道德义务的程度	慈善
Piacentini et al., 2000	企业自愿承担的超出纯经济和法律责任的责任	慈善
UK Government, 2001	企业基于更广泛的商业利益考量,要求其广义地管理从对社会和环境的影响。这要求其与利益相关者建立适当的对话或伙伴关系,包括员工、客户、投资者、供应商和社区。企业社会责任超越了法律义务,包括自愿的、私营部门主导的参与,从中可以反映出每个企业的偏好和特点	慈善 利益相关者 社会 生态 经济
Woodward-Clyde, 1999	企业社会责任一直被视为社会与企业之间的一种"契约",在这种契约中,社区授予企业经营许可证,作为回报,企业必须履行一定的义务,并以可接受的方式行事	利益相关者
Reder, 1994	"企业社会责任"是一个包罗万象的概念,指的是一家公司进行内部运营的方式,包括对待员工的方式,以及它对周围世界的影响	利益相关者 社会 生态
Lea, 2002	企业社会责任可以被粗略地定义为企业运营中社会和环境问题的整合,包括与利益相关者的经济交易	利益相关者 社会 生态 经济
Lea, 2002	企业社会责任是指企业和其他组织超越法律义务,管理它们对环境和社会的影响。特别是包括组织如何与其雇员、供应商、客户和所在社区进行互动,以及他们对环境的保护程度	慈善 利益相关者 社会 生态
Foran, 2001	企业在运营中对其劳动力、对其经营所处的环境和社会所采取的一系列实践行为	利益相关者 社会 生态
Andersen, 2003	将个人的直接利益从自身扩展到包括自己的同胞和所生活的社会,并成为当今社会的一部分,尊重未来和自然	利益相关者 社会 生态
Frederick et al., 1992	企业社会责任可以定义为一项原则,规定企业应对其任何行为对其社区和环境的影响负责	利益相关者 社会 生态

续表

定义来源	定 义	涉及维度
Van Marrewijk, 2003	一般来说,可持续发展和企业社会责任是指企业基于自愿在经营中,和社会和环境的互动行为	慈善 利益相关者 社会 生态 经济
Van Marrewijk, 2001	将企业社会责任视为战略的公司将社会和环境问题纳入其业务运营和与利益相关者的互动中	利益相关者 社会 生态 经济
Jackson 和 Hawker, 2001	如何对待员工,所有的社会利益相关者和环境	利益相关者 社会 生态
Strategis, 2003	被视为对可持续发展做出贡献的商业行为,被定义为既满足现代人的需求又不损害子孙后代的发展,通常被理解为关注如何实现经济、环境和社会的一体化	社会 生态 经济

资料来源:Alexander Dahlsrud. How Corporate Social Responsibility is Defined: an Analysis of 37 Definitions. Corporate Social Responsibility and Environmental Management, 15, 1–13 (2008).

2.1 经济责任

在上述企业社会责任的阐释中,几乎所有的学者都认可企业的经济责任维度。卡罗尔(1979)认为,企业对于社会的第一类责任本质上就是经济责任,包括向所有者和股东提供投资回报;为工人创造就业机会和公平薪酬;发现新资源;促进技术进步、创新和创造新产品和服务等。Carroll(1991)认为,企业的经济责任应该包括以下具体内容:

(1)企业应尽可能实现每股收益最大化;
(2)企业应尽可能营利;
(3)企业应保持强大的竞争地位;
(4)企业应保持高水平的运行效率;

（5）企业应持续盈利。

公司的本质就决定了它们是作为经济单位而存在的，它们为社会及其成员提供商品和服务，旨在赚取利润。卡罗尔在《企业社会责任金字塔：面向组织利益相关者的管理》(*The Pyramid of Corporate Social Responsibility: Toward the Management of Organizational Stakeholders*)"一文中提到，当公司存在的目的从盈利变为利润最大化时，公司就发生了质变。当然，如果企业无法履行经济责任，那么其他三种社会责任自然也无法履行。所以其经济责任的内涵就在于：公司应以符合每股收益最大化的方式运作，尽可能实现最大限度盈利；保持强大的竞争地位；保持高水平的经营效率，并保持下去。因此，社会对于企业的制裁取决于利润情况。从这个角度来看，商业是社会中的基本经济单元，它的所有其他角色都是基于这个基本假设（Carroll，1979）。

2.2 法律责任

企业必须遵守法律——这一直是一个先决条件，并被认为是企业的最低社会责任。企业是社会的重要组成，企业的行为规范必须满足社会的法律要求，即企业社会责任要满足合法性原则。Davis（1973）的责任铁律（The Iron Law of Responsibility）提出，社会有权定义一个组织的合法职能；公共责任原则，即组织必须对其造成的或与业务运作有关的社会问题承担责任；管理自由裁量原则。责任铁律认为，如果企业不履行相应的社会责任、不承担相应的社会责任义务，那么其他群体最终将介入承担这些责任，相应地，也将获得随之而来的权力。Carroll（1991）对企业的法律责任进行了详细说明，认为企业的法律责任具体包括：

（1）企业应符合政府和法律要求；

（2）企业应遵守各种法规；

（3）企业应做一个守法的企业公民；

（4）企业必须履行其法律义务；

（5）企业应保证商品和服务满足法律要求。

法律责任包括对法律遵从性的期望和遵守"游戏规则"。企业必须遵守所有相关法律，要在法律规定的范围内追求其合法的商业利益。履行法律责任与其他履行责任共存，因此，企业必须符合政府和法律的预期，成为守法的企业公民，只有这样才能被视为其履行了法律义务，并提供了符合法律规定的商品和服务。从这个角度来看，社会期望企业在法律要求的框架内完成其经济使命。然而，尽管监管可能成功地迫使企业对问题作出反应，但很难确保它们得到公平的应用（Pratima，2002）。法律限制了可容忍行为的界限，但它们既没有定义道德规范，也没有"为道德立法"（Solomon，1994）。

2.3 伦理责任

伦理是规范一个人或一群人行为的价值准则和原则，它决定了什么是对的，什么是错的（Levine，2011，Sexty，2011）。因此，伦理为组织行为和决策的好坏设定了标准（Sexty，2011）。生态或环境伦理是生物伦理的一部分，生物伦理还包括动物伦理、医学伦理和基因伦理（Papuzinski，2009）。环境伦理学中普遍存在的矛盾是生物中心主义与人类中心主义的本质区别。大致上，生物中心主义认为保护自然是必要的，因为每个生命本身都有价值（内在价值），而人类中心主义认为保护自然与人类的价值观有关。因此，生物中心主义的观点是：每一个生命都存在于一个生态系统中，并且都是相互依存的。即使是像人类这样复杂的生物，如果没有这个系统也无法生存，到目前为止，人类是自然的一部分。另一种假设是这些个体相互依赖，因此每个部分都具有相同的价值和相似的权利。人类的道德义务是维护每一个生命的生存和成熟的权利。从本质上讲，道德责任通过创造一种公司赖以生存的道德风气来克服法律的限制（Solomon，1994）。它将商业描述为道德的，做正确、公正和公平的事情。因此，道德责任包括社会成员所期望的商业活动，如尊重他人、避免社会伤害和防止社会伤害，但不一定要编入法律。这种责任主要来源于宗教信仰、人道主义原则和人权承诺（Lantos，2001）。

根据伦理学，"责任就是做分内应做的事；就是特定的人对特定事项的发生、发展、变化及其成果负有积极的助长义务；就是因没有做分内的事情或没有履行助长义务而应承担的不利后果或强制性义务"（张文显，1999）。最初的伦理观念是处理人与人之间的关系，后来开始增加个人与社会的关系，最后拓展到生态伦理。

Josephson（1988）认为，道德标准有三个层次：（1）法律，它为整个社会定义了哪些行为是允许的，哪些行为是不允许的。法律只是规定了行为的最低标准。与此同时，合法的行为可能是不道德的。因此，仅仅遵守法律作为道德行为的指导是不够的。（2）组织政策和程序，作为人们或员工日常决策的具体指导方针。（3）员工在遇到不受法律或组织政策和程序约束的情况时所采取的道德立场。一个公司的文化可以支持或削弱员工对什么是道德行为的概念。企业社会责任强调伦理道德，这种价值观是企业赖以建立、取得成功和发展社区的基础。

Kaptein（1998）在对企业的道德品质研究中，确定了以下七个组成部分，分别是：

（1）明确性：组织对员工道德行为的期望准确、具体和完整的程度。

（2）一致性：组织对员工道德行为的期望一致、明确和兼容的程度。

（3）可制裁性：对不负责任或负责任的行为实施消极或积极制裁的程度。

（4）可实现性：履行职责的程度。

（5）支持性：对员工合理使用公司资产、与同事和主管密切合作、实现利益相关者利益的支持程度。

（6）可见性：观察员工的行为及其影响的程度。

（7）可讨论性：职责可讨论的程度。

一般认为，企业在与社会的交易必须做到公平和公正，公司应尊重其利益相关者的意见。企业的伦理责任包括微观和宏观两个层面：在微观上，应公平、公正地履行对消费者、雇员、股东等利益相关者的责任；在宏观上，应符合道德准则的标准及期望。因此，企业的伦理责任内容包括以下三点：企业行为必须符合社会道德规范和习俗的要求；承认和尊重不断发展的道德规范；防止道德规范受到损害。

从伦理的角度来看，组织的管理者应该为了所有利益相关者的利益来管理业务，而不管利益相关者的管理是否会改善财务绩效（Hasnas，1998）。从这个角度来看，组织并不是一个驱动股东财富最大化的机制，而是一个满足所有利益相关者期望的机制。伦理视角的主要局限在于管理者如何公平对待所有的利益相关者，尤其是当利益相关者之间存在不同且相互矛盾的利益时。Hasnas（1998）认为当这些利益冲突时，企业应该管理"以达到它们之间的最佳平衡"。

虽然经济和法律责任包括关于公平和正义的道德规则，但有些伦理责任涉及社会可以接受或不能接受的活动和做法，而且并未全编入法律。

伦理责任是指战略管理者对正确和错误的商业行为或行为的价值观。伦理或价值观是动态的，先于法律的确立。从本质上讲，道德是法律或法规产生的驱动力。此外，道德责任包含企业期望满足的社会新兴价值观和规范。有时，这种价值观念和规范可能需要比法律要求更高的执行标准。卡罗尔的道德构成主张企业需要：以符合社会期望和道德规范的方式行事；认识及尊重社会采纳的新的或不断发展的道德/道德规范；并防止道德规范受到损害，以实现企业目标（卡罗尔，1991）。

在商业环境中，道德意味着在与同事和客户的关系中应用诚实和公平的原则（Daft，2001）。商业或企业伦理是应用伦理或职业道德的一种形式，它考察商业环境中出现的伦理原则和道德或伦理规范（Stanwick and Stanwick，2009）。这是一个涵盖所有与商业道德相关的问题总称。商业道德被定义为在与公司经营和与社会的商业关系有关的管理决策中为道德上适当的行为提供指导的规则、标准、规范或原则（Sexty，2011）。它适用于商业行为的所有方面，并且与个人和整个组织的行为相关（Mitchell，2001）。此外，商业道德是企业在日常交往中所坚持的行为。

近年来，从管理者和公司的管理机构中得到启发，并在整个公司中传播和共享的伦理相关价值观的作用得到了强有力的重新评估（Longenecker et al.，2006），这些价值观能够产生"人本管理"的形式和人类主义治理。挪威总理格罗·哈莱姆·布伦特兰（Gro Harlem Brundtland）在20世纪80年代提出，企业应该"在不损害子孙后代满足需求的前提下满足现在的需求"，这一界定被世界可持续发展商业委员会（World Business Council for Sustainable Development）接受并使用。根据维基百科，社会责任是一种道德框架，它表明一个实体，无论是组织还是个人，都有义务为整个社会的利益行事。社会责任是每个人必须履行的职责，以便在经济和生态系统之间保持平衡。在经济发展，物质意义上以及社会和环境的福利之间可能存在权衡。

企业组织的成长依赖于其良好的道德行为准则，以指导管理层和员工的日常活动。不道德的行为或不履行社会责任会损害公司的声誉，使其对相关利益相关者的吸引力降低（Daft，2001）。企业社会责任强调伦理道德，是企业赖以建立、取得成功和发展社区的基石，有助于企业形成一个共享的价值系统，并引导、塑造和指导企业的行为。

企业的商业道德行为是企业优势的源泉（Mitchell，2001）。首先，建立客户忠诚度的客户基础是企业长期成功的关键之一。如果消费者或顾客认为他们受到了不公平的对待，如被多收了钱，他们就不会是回头客。此外，一个公司的道德行为的声誉可以帮助它在市场上创造一个更积极的形象，这可以通过口碑推荐带来新的客户。相反，不道德交易的名声损害了公司获得新客户的机会。不满意的客户可以迅速传播他们对公司的负面经历。其次，留住优秀员工组织中各个层次的人才都希望得到公平的工作报酬和奉献精神。在与员工打交道时，公平、公开的公司更有可能留住最有才华的员工。再次，积极的工作环境员工有责任遵守职业道德。有道德的员工被视为团队成员而不是个人。他们与同事建立积极的关系。最后，避免法律问题。公司管理层为了追求利润而偷工减料是很有诱惑力的，如不完全遵守环境法规或劳动法，忽视工人安全隐患，或者在产品中使用不达标的材料。负面宣传可能会对该公司的声誉造成长期损害，汽车甚至比法律费用或罚款还要昂贵。

企业社会责任受到商业道德的"滋养"（Hendry，2001）。企业有义务"做正确的事情"，并成为优秀的企业公民，企业应该在商业成功的过程中，具备正确的道德价值观，要正确审视人、社区和自然环境的三方关系。在这种理论中，个人有责任履行其公民义务；个人的行为必须使整个社会受益。经济增长与社会福利和环境之间必须保持平衡，而这种平衡意味着履行了社会责任。由于社会责任理论建立在道德体系之上，因此，企业在决策和行动前需要进行道德验证。如果企业的行为会对社会或环境造成损害，那么这种行为就被视为对社会不负责任。

企业的道德取决于企业的文化或道德行为（Long and Sedley，1987）。所有的公司都必须决定做什么和怎么做，以使他们的行为符合他们的道德价值观。一个将道德置于一切工作中心的组织有一个道德框架（国际货币基金组织，2008）。为了成功地应对他们面临的许多潜在的伦理决策，公司或企业家必须制定一个可行的伦理框架来指导他们自己和组织。这样的框架确保了伦理问题不会因为无关紧要、分散注意力或无关紧要而被忽视。

2.4 慈善责任

Ackerman（1975）认为，企业社会责任是公司管理者的一种道德选择，实质上就是赋予了企业经理层一种自由裁量权，即高管层必须充分考虑其决策所带来的道德后果。卡罗尔（1979）对该观点持肯定态度，并提出了社会对企业社会责任的四个期望，即经济期望、法律期望、伦理期望和自由裁量期望。1991年，卡罗尔对该期望进行改进，将自由裁量期望改为责任，并提出著名的企业社会责任"金字塔"模型。

慈善可以被视为自愿促进人类福利或慈善的利他主义，目的是增加人类福祉。它可以是慈善捐赠，如金钱、商品、服务、时间和（或）努力，以支持一项有益于社会的事业，虽然有明确的目标，但对捐赠者没有经济或物质奖励。卡罗尔（Carroll）将其定义为"响应社会对企业成为优秀企业公民期望的企业行为，包括积极参与促进人类福利或善意的行为或项目"。但卡罗尔认为慈善责任不等同于道德责任，因为慈善并不是总停留在道德或伦理层面上。一个组织可以从事伟大的慈善事业，但如果它犯了道德上的错误，仍然会受到严重的社会抨击。卡罗尔认为，尽管人们非常渴望并愿意为慈善事业定价，但与其他三类社会责任相比，慈善事业的重要性实际上要小得多。因此，要成为具有社会责任感的企业，企业的行为必须符合社会对慈善事业和慈善事业的期望——参与本地的志愿及慈善活动；提供援助；自愿协助改善社区生活质素等。

虽然传统经济学并不认可慈善作为企业社会责任的构成，但仍有学者坚持其在社会责任中的价值。这种责任是所有责任中最具争议的，因为它的范围很广，其含义可能与企业的经济和盈利取向相冲突。慈善需要企业采取行动，促进人类福利或善意，以回应社会对企业应成为良好企业公民的期望。慈善责任需要企业自愿承担，慈善与伦理责任的主要区别在于，伦理成分是在伦理或道德意义上被期待的，而慈善成分不是。慈善是自愿的，是企业层面的自由裁量权。卡罗尔在慈善部分强调,公司的需要以符合社会慈善和慈善期望的方式开展工作,并自愿帮助提高社区生活质量的项目。

2.5 生态责任

普罗泰戈拉曾说过,人是万物的尺度。人爱自然,自然又滋养人,人爱社会,社会又保护人。因此,自然和社会是相互依存的,人有义务保护它们。人既是环境的创造者,又是环境的塑造者,同时环境会给人以物质,给人以智力、道德、社会和精神成长的机会。随着科学技术的飞速发展,人类改造环境的能力达到前所未有的规模。自然环境,即空气、水、土地、树木、植物、动物、微生物、河流、湖泊、山脉等,都受到人为环境——科技进步的不利影响,环境正变得越来越难以承受我们经济发展日益增长的影响。企业的发展与生态必然存在着矛盾——企业是由人构成并由人控制的,由人代表的企业在处理与自然关系的过程中具有主动性和能动性,自然或者生态是受客观必然性所制约的客观世界,是处于被动状态的。这种矛盾可能导致两种后果:生态良性发展或者生态恶化。当生态环境恶化时,受到指责的不应是自然界而应是人本身。企业生态伦理责任是企业责任的核心责任,即企业应承担节约资源和保护环境的社会责任。

企业生态责任特指企业的环境责任,是"企业在经济活动中认真考虑自身行为对自然环境的影响,并且以负责任的态度将自身对环境的负外部性降至力所能及的水平,目标成为资源节约型和环境友好型生态企业"(王红,2008)。

德国伦理学家底特·本巴赫尔把责任分为事前责任与事后责任。他认为,"事前责任是前瞻性的,是人们具有一种为他人、为一种动物或一件事情、为非个人的事业而行动的义务""事后责任是某人由于自身的过错或失职而对某事造成的不良后果应承担的责任"(底特·本巴赫尔,2005)。企业在实现利润最大化的过程中,从原材料、能源以及生产工艺的选择、产品的设计、生产到消费等,每一个环节都会对生态产生影响。从事前的责任考虑,就要求企业公正地对待自然,对自然资源的过度开发,最大限度地保持自然界的生态平衡；从事后的责任考虑，就要求企业不但要积极进行相关生态信息披露，积极接受利益相关者的监督，同时还要对生态所造成的负面影响尽可能进行修复。企业参与环境问题的解决，既是企业应当负担的道义义务，又是企业对其自身引起的危害社会的后果所进行的自我校正行为（陈炳富和周祖成，2000），企业承担社会责任在对待和处理外部性上体现了对正义的关注与贯彻（卢代富，2002）。

Hart（1995）在其《基于自然资源的观点》（natural - resource - based view）中提出，为了在未来保持竞争优势，企业必须考虑它们所处的自然环境。他特别强调了与企业特别相关的自然环境的三个主要方面：污染预防、产品管理和可持续发展。哈特（1997）在他的后续论文中认为，从长远来看，企业为了获得利益，通过创造竞争优势来适应 CSR，拥有可持续发展的愿景则至关重要。

企业履行环境责任首先是从经济的角度考虑的。现有研究认为，履行环境责任可以使公司获益：（1）降低企业的诉讼成本（Hart，1995；Dechant and Altman 1994）；（2）提高公司效率，降低运营成本，降低能源、材料和废物处理等产生的成本（Russo and Fouts，1997）；（3）通过技术创新创造竞争优势（Shrivastava，1995）；（4）企业履行环境责任还可以提高公司声誉，获得利益相关者的青睐，从而避免因利益相关者不满而带来的额外成本（Berman et al.，1999）。因此，从经济角度看，履行环境责任对于企业来说，是有利于其长期财务利益的。

企业生态问题，首先是一个伦理问题，其次才是经济问题。早期的研究过度关注经济层面的问题，而忽视了伦理层面的问题。随着企业与自然矛盾的升级，伦理问题日益突出。企业与自然间的生态矛盾，既是人类深入认识与自然关系、反思生态文明而取得的成果，又是以矛盾的形式凸显以现实形式存在的难题，而生态责任的履行则可能成为认识矛盾、化解矛盾的关键。

根据利益相关者理论，企业履行环境责任有助于其获得相应的经营许可权，维护与利益相关者之间的关系，保证其合法性。利益相关者越关心生态环境，就会对企业提出越高的环境责任期望和要求，一旦公司能满足利益相关者的环境要求，就可以获得利益相关者的青睐，改善与利益相关者的关系，而这种关系的构建与维护有利于公司获得竞争优势、创造无形资源。

简言之,企业参与环境保护履行环境责任的动机主要有三个:获取战略优势;避免战略劣势;承担相应责任(Perry and Singh,2001)。履行环境责任有利于节约资源,采用新材料降低成本,减少废物清理成本等(Perry and Singh,2001),进而为企业带来战略优势。

企业生态责任主要包括三个方面含义:企业对自然的生态责任,对市场的生态责任,对公众的生态责任(任运河,2004)。

首先,企业对自然是负有生态责任的,这就要求企业要自觉保护环境,维持生态平衡,而不应过度采伐,破坏生态环境。当企业生产产生的有害物质进入水体(如湖泊、河流、海洋、含水层和地下水)并污染水质时,就会产生水污染。这种形式的环境退化发生在污染物直接或间接排放到水体中而没有进行适当的处理以去除有害化合物的情况下,这对环境和人类健康都是有害的。在几乎所有情况下,这种影响不仅对单个物种和种群造成损害,而且对自然生物群落造成损害(维基百科,2018年)。

其次,企业对市场是负有生态责任的,这要求企业不但要注意在生产过程中的环保措施,还要注意产品的安全性,尽可能实现高效能、低污染、低能耗。生产过程力图绿色生产,生产的产品力图是绿色产品。

最后,企业对公众也负有生态责任,这就要求企业注意可持续发展,不能以牺牲人类生存的环境为代价满足眼前的利益。现有研究认为,企业生态责任是企业社会责任的一部分,任何与环境、生态等相关的企业社会责任范畴都可归于企业生态责任,涉及企业生产的每个环节——原材料和能源的选择、产品的设计、生产线的设计与更新等。

第3章

企业社会责任治理：基于利益相关者的视角

企业社会责任的运作介于政府监管、社会监管和市场激励之间。它要求公司的合规性，并在合规性的基础上要求公司遵守社会价值观——这些价值观可以通过利益相关者关系，特别是社区关系传递给公司。吸引客户、供应商和员工对于企业、企业环境、供应链和市场（资本、客户和劳动力）之间建立成功和协调关系非常重要。实际上，它与企业社会责任作为一种以愿景为主导的活动是一致的，而且这种愿景在塑造外部环境和内部环境与流程方面同样强大。公司不但进行产品的生产和销售，还能提供就业并创造财富、通过税收为政府和社会创造财富方面，已经成为一个运转良好、反应迅速的市场参与者。因此，识别企业社会责任是一个机遇，并以此为基础为企业及其企业社会责任实践塑造一个新环境的能力。通过这种实践，企业的企业社会责任方法和理念可以获得认可，并能够蓬勃发展。

3.1 企业社会责任与公司治理

理解了社会责任与企业间的关系，就很容易理解公司治理范畴下的企业社会责任。随着社会的不断发展，其复杂性也日益增长，人类社会要实现其最终目标，就必须审慎对待个人、组织和社会间的关系，而治理则是实现这一目标的有效途径。公司治理通过制度设计，确保公司的管理能够维护所有利益相关者的利益，不仅仅是内部利益相关者（发起人、成员、工人和高管），而且还包括外部利益相关者（客户、贷款人、经销商、供应商、银行家、社区、政府和监管机构）。通过协调个人目标和共同目标，最终实现了经济效益和社会效益的平衡。

从狭义的角度来看，公司治理是股东确保其投资获得财务回报的机制（Shleifer and Vishny，1997）。公司治理的根本困境源于股东和管理者之间激励机制的不完善，进而导致管理者做出不符合公司股东利益的行为和决策（Roe，1994）。当管理者为了自己的个人利益而牺牲股东利益时，就会导致公司所有者的代理成本减少，降低股东价值水平（Jensen and Meckling，1976）。为了降低这一成本，股东可以使用管理激励来帮助经理的利益与股东的利益保持一致。

特定公司内的代理成本由独立的股东和经理之间的控制权平衡，即由公司治理的强度决定。随着控制权的平衡越来越有利于股东，激励措施的实施使管理者更有可能参与股东利益最大化的活动。相反，如果经理人拥有更多的控制权，那么经理人就会有更大的自由裁量权以牺牲股东利益为代价从事活动。

如今，企业社会责任活动已经成为企业重要的投资行为，这引发了一个根本性的问题：企业社会责任是提高了股东价值，还是企业管理者以牺牲股东利益为代价享受的代理成本？

针对这一问题，不同的理论从各自的视角提出了不同的看法。根据代理理论，管理者充当委托人的代理人（Wheeler and Davies，2004），但他们追求的是个人利益，这可能与股东的利益相悖（Keasey et al.，1997）。因此，由于存在管理者以机会主义方式行事的风险，有关公司治理的制度必须主要保护投资者的利益（Comforth，2004）。根据管家理论，管理者在追求共同利益时是为了股东的利益而行动的（Muth and Donaldson，1998）。他们的主要职能是在互惠援助的范畴内，改善组织表现、策略和决策程序，并为管理人员提供尽可能最佳的支援（Hung，1998）。利益相关者理论则强调利益相关者在公司治理结构和过程中的作用（Freeman et al.，2010），强调需要建立以分散决策权和利益相关者参与为特征的治理体系，通过利益相关者参与战略、利益相关者承诺和利益相关者对话，确保透明度和参与的责任制度，以及在政府和管制机构内征聘各类代表的机制。

企业社会责任是一种治理工具，可以增加公司内外参与者之间的信任，并促进他们之间的接触（Jones and Thomas，1995）。企业社会责任"进入"通过直接参与公司的任务的所有者和管理者,并通过组织流程进行集成的企业战略和政策,改变企业文化和公司治理的方式支持民主的股份控股和面向过程共同利益(Zamagni,2007)。

3.2 企业社会责任治理面临的挑战

越来越多的公司开始从过度追求利润最大化中走出,并通过积极履行公民义务、开展慈善行为等对社会产生积极的影响,同时也因此为自身发展带来巨大的机会。企业社会责任意味着企业行为达到了社会规范、价值观所期望的高度(Sethi,1975)。企业在履行社会责任的过程中将面临许多挑战。Enimil 等(2012)针对这一主题进行的一项研究表明,企业在承担社会责任时可能会遇到四种主要挑战,分别来自社区问题、政府问题、基础设施问题和内部问题。

(1)社区问题:公司无法接触到所有需要帮助的社区,也无法支持尽可能多的人。这是由于有限的资源,有时企业超出预算分配给企业社会责任,因为人们不断向他们寻求帮助。组织面临的另一个社区挑战是"文盲"社区对变革的抵制。它们倾向于采取一种敌对的行为,直到它们明白,公司采取负责任的行动符合它们的利益。

(2)政府问题:研究显示,几乎没有政府会通过立法对企业社会责任进行明确规定,这恰恰解释了企业为什么会以某些组织的名义履行社会责任。

(3)基础设施问题:通往社区的薄弱道路网络是一项主要挑战。

(4)内部问题:缺乏资源是管理层追求慈善事业所面临的最重要挑战,这又回到了上述有限的资源问题上。

企业社会责任治理的驱动因素多种多样——公司治理丑闻,投资者对企业经营和声誉风险的日益关注,利益相关者对企业社会期望的改变,企业全球化等。随着企业社会责任的发展,公司治理标准不断增加,社会和环境信息披露,法律/董事责任,独立董事和利益相关者包括非政府组织(NGO)、员工和管理者等都纳入其中。

企业社会责任治理涉及风险、声誉、规章制度、责任和结果等,要提高企业的社会责任治理能力,就需要企业有正确的反应知觉,如愿景、价值和战略等,还要具备一定的相关问题处理能力以及组织保障系统。

3.3 Nijhof 和 Fisscher:企业社会责任治理模型

Nijhof 和 Fisscher(2001)认为,企业社会责任是一个持续的过程,企业要学会如何承担社会责任,就要求企业组织具备一些能力,以保证企业社会责任的履行,据此,他们提出企业社会责任模型,该模型由四个顺序过程组成(见表3-1)。

表3-1　　　　　　　　　企业社会责任治理模型

名称	说明	包含内容
协商过程	平衡组织的特性和与所有利益相关者的要求和期望相关联的价值,以确定组织的社会责任	• 确定哪些利益相关者是重要的; • 倾听外部利益相关者的期望和需求; • 界定相关的伦理困境和问题; • 定义企业社会责任的业务案例; • 通过自下而上的过程定义与组织及其利益相关者相关的规范和价值; • 创造对企业社会责任的最高管理层承诺
整合过程	在组织的主要和次要过程中整合并锚定对社会责任的关注	• 为组织所有成员落实企业社会责任战略; • 培养处理道德困境所需的个人技能; • 将基本价值观内化,并以一种坚定的方式与人沟通; • 基于组织的共同价值观发展个人职位; • 为企业社会责任的实验创造空间; • 将组织的抱负和基本价值观融入核心流程; • 使企业社会责任战略与价值链相关联; • 监控所有员工的行为,并给予相应的奖励或纠正; • 当短期结果与组织的基本价值观相冲突时,抵制选择短期结果的诱惑
证明过程	通过监控和报告与组织社会责任相关的实际企业行为,向利益相关者证明组织的选择和行动的正当化	• 监测对经济、社会和环境问题作出反应的结果; • 在出现错误时采取有效行动; • 提供利益相关者需要的信息; • 通过透明来建立信任

续表

名称	说明	包含内容
评价过程	在其他过程的基础上,所有利益相关者都可以对组织的行为进行评价,判断组织是否负责任	• 了解利益相关者的反应; • 从这些反应中学习; • 调整政策和行动; • 对新问题和风险保持警惕

通过案例研究,他们提出三种企业社会责任战略,即由内而外的身份策略、由外向内的风险策略和综合开发系统战略,以及企业社会责任发展的六步模型,详见表3-2和表3-3。

表3-2　　　　　　　　　企业社会责任战略

策略名称	策略说明
由内而外的身份策略	通过这种策略,企业社会责任通过组织自身的身份来实现其意义。加强对组织的自豪感、忠诚和承诺是这一战略的重要目标
由外向内的风险策略	通过这种策略,企业社会责任通过识别、监控和控制风险来实现其意义,以防止声誉受损或其他成本
综合开放系统策略	企业社会责任战略通过对组织在整个生产和消费链中的作用和功能的反思来实现企业社会责任的意义。减少环境破坏、社会不平等和其他社会不良情况是这一战略的重要目标

表3-3　　　　　　　　企业社会责任发展六步模型

步骤	内　容
步骤1	确定各个企业社会责任策略的重要性。这一步着重于企业社会责任的三种策略的相关性:风险导向、身份导向和开放系统导向。大多数组织都有一个主导策略,但其他策略可能适合组织的某些部分或某些问题
步骤2	确定在协商、整合和辩护过程中形成的能力。在关于确定集体能力的小节中提出的能力清单可以作为这一步骤的检查表
步骤3	确定哪些新能力应该优先考虑。企业社会责任受外部变化的影响,影响到组织的许多部分。因此,企业社会责任能力的发展可以被看作是一个不断学习的过程,在这个过程中企业社会责任能力的逐步提高。虽然可能有许多新的挑战,但只有有限的能力可以优先考虑

续表

步骤	内容
步骤4	根据利益相关者的反应来评估绩效。在此步骤中,将评估组织的行动,以查看它们是否已在涉众的期望反应中产生。根据所采用的战略,这些利益相关者可能是内部的、外部的,也可能存在于整个生产和消费链中
步骤5	调整、加强和巩固发展起来的能力。为了保持已发展的能力,这些能力应扎根于本组织的结构、文化和环境中。这样,企业社会责任的发展就可以成为不可逆转的
步骤6	定期评估是否应该把更多的重点放在另一个企业社会责任战略上。随着社会和组织的发展,新的利益相关者和利益相关者问题将随着时间的推移而出现。因此,一个组织可能有必要从面向身份转变为面向风险或开放系统。如果是这样,那么新的能力将变得重要,必须加以处理,如步骤2至步骤5所示

3.4 利益相关者与利益相关者治理

理解和回应利益相关者的利益是符合公司自身利益的,因为广阔的视角将更好地为公司战略提供信息,从而产生更好的长期绩效。

3.4.1 利益相关者理论

企业不但应该追求利润、为股东创造价值,还应对社会负有责任的观点已经存在了几个世纪。众所周知,企业的运营离不开社会,因此就社会角度而言,社会也期望企业对其运营中涉及的各个方面负责(Bichta,2003)。在当前的环境下,企业或公司要想赢得竞争,不可能离开利益相关者。因此,组织与员工和其他关键利益相关者(如客户、投资者、供应商、公众和政府官员、活动人士和社区)之间关系的质量对组织的成功至关重要。

企业责任要求企业放弃"唯利是图"的理念,从全局出发,建立更广泛的社会关系体系,关注其利益相关者。利益相关者理论是关于组织和利益相关者之间关系的理论。Ansoff(1965)被认为是第一个使用该术语的学者,也有学者认为早在1947年,该术语就被Johnson所使用。直到20世纪80年代,利益相关者理论才得以广泛传播。Freeman(1984)将利益相关者定义为"任何能够影响或受到公司目标实现影响的群体或个人"(Freeman,1984)。在保留 Freeman 对利益相关者的定义作为基础的同时,一些学者试图通过用不同的方式对利益相关者进行分类,使定义更加具体。例如,战略和道德利益相关者(Goodpaster,1991);外部和内部利益相关者(Carroll,1989);潜在的、预期的和最终的利益相关者(Mitchell et al.,1997);自愿和非自愿利益相关者(Clarkson,1994);主要和次要利益相关者(Clarkson,1995)。

利益相关者理论是许多管理学者推崇的一个研究组织与环境互动的流行框架。传统的公司理论关注的是对股东的责任,而利益相关者的观点则从更广泛的角度出发,意味着公司应该考虑所有股东的需求。利益相关者被定义为"任何能够影响或受组织目标影响的群体或个人"(Freeman and Reed,1983)。这一广泛的观点并非没有问题:不同的利益相关者有不同的利害关系,平衡相互竞争的利益相关者的需求并非易事。此外,利益相关者理论源于西方的(经济)理性概念,未能满足边缘群体(如本土利益相关者)的需求。

当代的利益相关者文献可以追溯到 Freeman(1984)的开创性著作,他用一个利益相关者模型来取代公司的管理模型。他将外部利益相关者定义为"任何能够影响或受组织目标实现影响的群体",并提出了一个新的公司概念模型。这个概念命题不仅仅是建立一个包含一些新群体的简单模型,而是要求真正了解所有利益相关者的需求和期望,并考虑到他们影响公司行为和效率的方式日益多样化和复杂化。

自 Freeman(1984)发表他的著作以来,利益相关者理论一直是研究的热点。虽然 Freeman 只是寻求一种战略决策的一般方法,但它后来成为公司新理论的基础(Donaldson and Preston,1995)。公司利益相关者理论最初由 Brenner 和 Cochran(1991)提出,随后由 Brenner(1993)、Donaldson 和 Preston(1995)及 Jones(1995)发展。它为商业和社会领域的研究提供了一个框架(Carroll,1989),描述组织如何在某些条件下操作。它被许多人作为一种替代性的企业理论提出,取代传统的弗里德曼的企业经济理论。

Freeman 奠定了基础,重新概念化公司的性质,以鼓励和合法化新形式的管理行动在当代社会环境的变化。在公司较早的管理观点中,外部环境的概念是任何不包括公司本身、所有者、供应商和客户的东西——一个可以跨组织边界管理和控制的环境。提议的公司涉众观点扩展了概念上的组织边界——使它们不那么死板——以合并其他外部方。弗里曼建议他们应该以某种方式融入公司，而不是把他们看作公司的外部人员。

大多数学者赞同 Freeman 的观点，即公司是股东拥有的一套资产，经理人充当代理人，以最大化这些资产的回报。支持隐喻是一个有机体，它有个人主义的需求和目标，并且在它和外部世界之间有一个很好的界限。这是一个经典的自由经济组织观，现在被认为只是众多观点之一。这一观点基于结构主义社会学理论，该理论认为组织的性质或结构决定了组织内部人员的行为。利益相关者的管理，就像组织中的任何其他活动一样，是由不断最大化股东回报的需要所决定的。根据个人的观点，这可能是企业内部学习行为和社会化的结果（由结构性共识理论支持），也可能是股东和其他利益相关者之间权力和特权不平等的结果（由结构性共识理论支持）。

Freeman 的利益相关者理论侧重于与外部环境的基本接触，指出公司存在于一个更广泛的社会环境，这一点与传统的权变理论有很大差异，因为权变理论仅仅关注的是外部环境所提供的管理决策的环境。企业无法避免与其参与者，即利益相关者之间的互动，通过互动，企业与利益相关者都会从中有所收益。这些交互可以是非正式的，也可以是契约式的。如果合作的结果不是互惠互利的，参与者就会撤回他们对企业的支持并不再参与。在互动中，企业和利益相关者在某个特定的时间点会集中于一个共同的目标。当不同利益相关者的影响出现变化、其他利益相关者加入或暂时离开等，目标就可能会随着时间而改变。这种观点基于"契约关系"（Key，1999）从利益相关者角度对公司的概念进行解释，有助于理解为什么这些契约存在——因为没有它们就不可能实现目标。此外，虽然这些关系受到可识别的经济动机的影响，但对行为的解释可能超出这些因素，广泛涉及社会、情感、社会心理和政治等领域。这恰恰更接近企业的实际的生存环境。

虽然经理们已经发展了理解和处理传统利益相关者动态的方法，但 Freeman 建议经理们需要对那些以前被认为是公司外部的利益相关者发展同样的理解。这个建议不仅仅是一个边界定义问题。相反，它所关心的是整个组织在更广泛的社会背景下如何运作和实现其目标。

利益相关者理论具有规范性和道德意义，它关注的是一个公司应该如何做以履行其社会责任,认为公司是"具有内在价值的合作与竞争利益群"(Donaldson and Preston,1995)。

根据利益相关者理论,除了股东外,员工、政府、经销商、消费者、社区等都是企业的利益相关者,企业的行为会对其利益相关者产生影响,同时利益相关者反过来也会影响企业的发展。企业作为一个信息节点,它连接了诸多利益相关者。对一个现实的企业来说,从利益相关者的角度考虑企业的决策等价于企业利益最大化的决策(杨瑞龙,2001)[①]。

切斯特·巴纳德(Chester Barnard)指出:"公司的目的是为社会服务,而高管的职能是向公司员工灌输这种道德感。"这是利益相关者理论的基础,因为只有认识到企业必须保证所有利益相关者合法权益,企业才有可能实现长久意义上的成功。Mele 指出,利益相关者理论的反对者认为,利益相关者理论可能会导致高管的机会主义,因为自私的高管可以通过辩称自己符合利益相关者的利益来为自己价值最大化的决定和行为进行辩护。这一理论的局限性在于,不同利益相关者的利益是具有差异性的,但这一理论把所有利益相关者的利益视为平等的,结果就会有失公平。但是,一旦公司将公平引入利益相关者理论中,就会给公司决策带来困难。

Davis(1974)认为,企业行为的公众可见性对于成为具有社会责任的管理者是必要的,企业作为社会的一个重要组成部分,对社会问题的解决负有责任。Freeman(1984)为这一观点进行了辩护,并发展了利益相关者理论。公司与许多影响和受公司行为影响的组成团体和个人(利益相关者)有关系。此外,企业社会责任的实现是当企业超越合规性,并从事"超越企业利益和法律要求,向企业相关利益相关者(McWilliams et al.,2006)进一步促进某些社会公益的行为时。"

因此,利益相关者理论成为企业社会责任的主导范式(McWilhams and Siegel,2001)。一个成熟的企业社会责任模型是由 Carroll(1979)最初提出的"企业社会责任的四部分模型(Four-Part Model of Corporate Social Responsibility)"。对于 Carroll 来说,企业社会责任是一个多层次的概念,可以分为四个相互关联的方面(经济、法律、伦理和慈善责任)(Carroll,1991)。

---

① 杨瑞龙.企业共同治理的经济学分析[M].北京:经济科学出版社,2001.

这些分类的责任被呈现为"金字塔"内的连续层，而"真正的"社会责任需要连续地满足所有四个层次。因此，对于 Carroll 和 Buchholtz（2000）来说，"企业社会责任包括社会在特定时间点对组织的经济、法律、伦理和慈善期望。

Goodpaster（1991）将利益相关者理论分为三个层次：(1) 战略层次，该层次主张将利益相关者（非所有者）的利益作为实现公司（经济）目标的手段，但不包含任何道德内容；(2) 多重受托人方式。从道德层面上讲，这种方式将受托责任归于公司管理层，对所有股东一视同仁，无论他们是股东还是非股东；(3) "新合成"。区分了对所有者的信义责任和对其他利益相关者的限制性、非信义责任。

组织及其利益相关者之间的关系应该是互惠的。根据资源依赖理论，一个组织被看作是依赖于不同的利益相关者来获得使其得以运作的关键资源。例如，消费者为企业提供财务收益，政府提供基础设施和其他服务等。正如 Clarkson（1995）所描述的，"如果任何一个主要群体随着时间的推移，意识到自己没有得到公平或充分的对待……它将寻求替代方案，并可能最终退出该公司的利益相关者体系。"同样，Rowley 和 Berman（2000 年）认为，"利益相关者采取行动制裁——奖励或惩罚——公司的行为，试图改变或加强这种行为"。当组织的行动不能满足利益相关者的期望时，就会采取这一行动。利益相关者在组织中的作用是：(1) 设定期望；(2) 体验效果；(3) 评估结果；(4) 根据这些评价采取行动（Wood and Jones, 1995）。

利益相关者改变了企业依靠客户获得收入、依靠员工获得劳动力等资源的水平，进而直接影响财务业绩。这可以通过向组织扣留资源或对所需资源的使用设置条件来实现。限制资源的提供将对组织的绩效产生负面影响，并可能危及组织的生存。Mitchel 等（1997）全面论述了利益相关者对组织的影响问题，他提出了一个理论：管理者关注的利益相关者可以通过他们拥有的三个属性中的一个或多个来确定他们的权力：影响公司；其主张的合法性；他们要求的紧迫性。利益相关者的期望通常被框定在保护他们的利益方面。Rowley 和 Moldoveanu（2003）认为，利益相关者也可能受到参与利益相关者群体活动所获得的基于个人身份的结果的激励。

Susith Fernando 和 Stewart Lawrence（2014）构建了一个完整的理论框架

来解释组织的企业社会责任实践。通过考虑企业社会责任实践的理论预测动机，整合了企业社会责任文献中使用的三种主流理论，即合法性理论、利益相关者理论和制度理论。他们认为：（1）利益相关者是从一个焦点组织的优势点确定的；（2）组织需要有效地管理其利益相关者，以实现其目标；（3）不同类别的利益相关者存在，而且这些类别通常存在利益冲突；（4）组织必须能够平衡外部环境中利益相关者与内部环境中利益相关者之间的利益冲突；（5）利益相关者对组织施加压力，因为他们期望某件事或与某件事有利害关系；（6）利益相关者对组织施加压力的能力取决于利益相关者的组织属性；（7）组织对其利益相关者负有财务、社会和环境责任。

利益相关者理论可以看作权变理论的逻辑延伸，其根源在于劳伦斯和奥施（1967）的开放系统方法。他们认为，本组织的一项重要职能是适应周围世界正在发生的事情。他们认为本组织是一个内部分化的系统，需要实现充分的一体化以适应其外部世界的局势。他们提出，不同的组织原则应适用于不同的环境条件，这对经典（科学）管理和人际关系理论的基本准则提出了挑战。基于这些观点，Osborn（1974）等学者认为组织及其环境是在相互影响和相互依赖的状态下运行的。此外，本组织与其环境之间的关系可以从本组织生存的需要看出来。利益相关者理论强调外部环境的一个方面：将外部利益概念化为共同标题"利益相关者"下的群体。组织可以通过与涉众对话的方式参与到这种外部环境中。对话被视为以公平和可靠的方式交流需求和期望的最终手段。在这种观点中，假定连续性取决于公司与这些利益相关者的关系，特别是满足他们的需求和期望的能力。正是对各种有时自相矛盾的需求和期望的相互满足，最终创造了利润。

3.4.2 利益相关者治理

法律责任是企业最基本的责任，但由于国家的法律制度和执行机构不完善，很可能存在监管缺口和执行缺陷，因此就必须由利益相关者参与治理进行补充。追求利润已不再是公司唯一的目的，企业的成功也基于他们的利益相关者关系，以及社会和环境问题。当一个组织能够通过作出更广泛、更深入和更丰富的决策，对那些对该组织的运作抱有合理期望的人合法地捍卫其行为时，它就更有能力承担企业社会责任。企业社会责任一个核心要素是准备好回应利益相关者的合理期望，并与广泛的利益相关者保持密切联系。利益相关者的期望和要求在一定程度上决定了组织应采取的行动及其职责的性质。因此，利益相关者关系是企业社会责任的一个关键要素（Donaldson and Preston，1995）。只有通过与整个社会（员工、政府、客户、非政府组织等）的对话，一个组织才能在公司治理和公共治理之间建立平衡。但是，这种准备如何产生响应，以及负责任的行为如何嵌入组织实践中？公司治理不仅仅是公司与其资本提供者之间的关系。公司与其雇员、债权人、供应商、客户、东道国之间的隐式和显式关系——以及这些支持者之间的关系——都属于利益相关者治理的相关定义范围。

利益相关者理论强调，除了股东之外，还有其他代理人会对公司的行动和决策感兴趣，该理论强调了管理者对利益相关者负责的必要性。利益相关者是指受公司损害或从中受益的个人或团体；或其权利被公司侵犯或必须被公司尊重（Freeman，1984）。企业有多个利益相关者竞争组织资源，因此，企业需要确定管理利益相关者的策略（Bryson，2005；Reynolds et al.，2006；米其林等，2013）。积极参与的利益相关者类型和采用的资源控制策略影响公司的企业战略。从业务驱动的角度来看，利益相关者理论包含三个前提：组织拥有影响其活动的利益相关者；这些互动对特定的利益相关者和组织产生影响；主要利益相关者的重新选择影响组织战略选择的可行性（Simmons，2004）。因此，企业需要采取适当的方法来应对主要利益相关者，需要对利益相关者进行治理。

利益相关者治理是组织不断学习发展的过程，组织需要不断学习如何与越来越多的利益相关者合作并处理日益复杂的各种问题。它们必须确定其责任的范畴，之后再明确需要处理什么问题，如何使这些问题具有意义，以及如何结合经济、社会和环境战略等。每个阶段都需要新的能力组合。在过去，企业只需要与股东、客户和当地监管机构进行互动，随着企业社会责任外延的扩大，需要与更广泛的参与者进行互动，而且很可能超出企业通常的生产和消费体系。任何一家公司都不可能一蹴而就，他们必须逐渐学习并掌握如何处理日益增多的问题。他们需要重新发现他们的角色和责任，重新确定与他们的利益相关者间的联系，并创新设计出符合这些的实践活动。特别需要强调的是，他们应该对组织过程进行重新整合,让公司的每个部门和员工都对企业社会责任有充分的认识。

Mitchell 等(1997)根据利益相关者拥有的三个属性对其进行了分类,分别是权力(利益相关者对公司的影响力)、合法性(利益相关者与公司的关系)和紧迫性(利益相关者的需求需要立即关注的程度)。高管层往往根据企业与利益相关者的关系分析,确定利益相关者的优先级。高管层决定了不同利益相关者的重要性,而那些被认为是重要的人往往会受到管理层的关注。通常情况下,公司倾向于关注具有更高权力、合法性和紧迫性的利益相关者,而这些"决定性"利益相关者的需求通常会受到最高管理层的关注。有趣的是,Mitchell 等将具有紧迫感和权力但缺乏合法性的利益相关者定义为"危险的利益相关者",并谴责他们的行为"超出了合法性的界限,对利益相关者经理关系以及相关的个人和实体都是危险的"。

要进行利益相关者治理,公司首先必须区分哪些人应该包括在其利益相关者范畴中,因为公司对所有利益相关者负责是不现实的。当前的一般做法是:董事会确定公司的关键利益相关者,如股东等,并就如何实现此类利益相关者管理达成政策共识,以保证符合公司的利益。根据 2004 年修订的《OECD 公司治理准则》,公司治理框架应"承认法律或通过相互协议确立的利益相关者的权利,并鼓励公司和利益相关者在创造财富、创造就业和财务状况良好的企业的可持续性方面积极合作"。准则认为,确认利益相关者的利益有利于公司的长远发展;对公司声誉和业绩有积极的深远影响,而且,准则还在信息披露和透明度方面强调披露应包括有关员工和其他利益相关者问题的重要信息。总之,《OECD 公司治理准则》认为,信息披露有助于提高公众对公司政策和业绩的理解,这些政策和业绩涉及"环境和道德标准,以及公司与所在社区的关系"。在列出董事会的职责时,准则规定,董事会应考虑利益相关者的利益。《OECD 公司治理准则》认为,虽然公司法或股票市场可能更关注股东的责任,但"理解和回应其他利益相关者的利益,也符合股东的理性利己主义。"而且,大量的实证研究也发现,企业社会责任绩效与股权间存在一定相关性,企业将可持续发展和利益相关者的利益纳入其中,这有利于实现价值最大化。标准普尔公司治理实践董事总经理 George Dallas 评论道:标准普尔的公司治理分析包含对公司利益相关者关系质量的评估,其中包括关键的非财务利益相关者，如员工、客户、供应商和当地社区。他们调查了该公司在社会和环境问题上的透明度和披露情况，并寻找证据，证明这些问题在哪些方面管理不善。这种分析源于他们的信念，即公司与其主要利益相关者的关系对公司的长期财务和运营可持续性至关重要。

此外，在进行利益相关者治理时，也要因地制宜，根据企业行业的特质进行利益相关者的优先等级排序。Richard Welford 等（2007）的一项研究比较了 15 个领域的企业社会责任，并对 491 名受访者进行了排名，这些受访者来自社会非政府组织、环境非政府组织、商业部门、大学部门、媒体、政府和其他部门。结果发现，最重要的问题是环境、健康、安全和治理。研究确定了企业及其利益相关者可以转移到其他地点的企业社会责任优先事项。Richard Welford（2007）认为，企业的社会责任因地而异，因行业而异，随时间而异。因此，为了准确界定社会责任对公司的意义，企业在设计社会责任策略和方案时，需要与社会、社区互动，并考虑他们的需要、期望和抱负。在某种程度上，公司需要参与到他们自己的利益相关者对话中，具体到他们自己的公司，旨在为商业部门提供一些关于社会期望和企业社会责任优先级方面的指导。

总之，利益相关者治理是企业社会责任治理文献中的共同特征。关于董事会是否应该只对股东或其他利益相关者负责的问题，尚未形成共识。有学者认为，"非此即彼"的二分法是对公司经营复杂环境的一种简单化看法，未能抓住公司业务规划和决策的现实。公司，尤其是跨国公司，董事会有必要关注国际公约、自愿行为准则、不断变化的社会对企业的期望以及不断增强的舆论力量。利益相关者理论被视为是企业社会绩效的驱动因素，一旦管理者接受了他们对股东的义务并承认了他们的合法性，企业就会很好地实现其道德原则（Clarkson，1995）。这种简单化的论点没有认识到框架不能代表不同的现实，也没有认识到使用单一的镜头来看待合法性和责任等问题的效果。利益相关者理论的支持者认为，企业的社会绩效可以通过管理企业与其利益相关者的关系来评估。社会绩效必须被"管理"，这一事实意味着，就像商业道德一样，社会绩效被作为一种战略部署，以造福企业。

利益相关者理论的文献也区分了"社会问题"和"利益相关者问题"。Clarkson（1995）认为，特定的社会决定了特定的社会问题，对应的政府则会颁布相应的法律法规来保护社会利益。因此，从立法情况就可以判断出某些问题是否是社会问题。但如果没有立法，这个问题就变成了一个"利益相关者问题"，必须在公司层面解决。

如果企业社会责任的制度和组织水平不利于利益相关者的利益，那么管理自由裁量权原则（Carroll，1979）受到的约束就更大。根据 Wood（1991）研究，管理者是道德的行动者。在企业社会责任的每一个领域，他们都有义务行使其所能行使的自由裁量权对社会负责。

企业社会责任作为一种商业体系，可以通过实施和整合道德体系和可持续管理实践，使财富的生产和分配能够惠及其利益相关者（Frederick，2006）。利益相关者理论假设企业可以通过满足重要的利益相关者需求而获得竞争优势（Freeman，1982），任何企业的利益相关者都是"那些能够影响或被组织目标的实现所影响的群体"（Freeman，1984）。公司不能再是孤立的经济行动者，脱离社会，只为股东工作。

企业社会责任的概念包括多个利益相关者或合伙人（员工、客户、供应商、环境、地方当局、政府和其他），以及股东和其他投资者（Mazurkiewicz，2005）。总的来说，有五个主要的利益相关者群体（公司内部和外部）被大多数公司认为是优先考虑的所有者（股东）、员工、客户、当地社区和社会（Carroll，1991）。公司与员工及其他主要利益相关者（即，客户，投资者，供应商，公众和政府官员，活动家和社区）是其成功的关键，详见表 3-4。

表 3-4　主要利益相关者的企业社会责任实践活动内容

主要利益相关者	相应的社会责任内容	常用实施路径
股东等投资者	（1）适当和及时的信息披露 （2）企业价值最大化	（1）年度股东大会 （2）必要时提交公司治理报告 （3）必要时提交公司治理代码相关报告 （4）必要时审查财务结果会议和中期管理计划解释性论坛 （5）必要时通过投资者关系网站披露信息 （6）路演 （7）投资者讲解论坛 （8）个别投资者访谈

续表

主要利益相关者	相应的社会责任内容	常用实施路径
员工	(1) 尊重人权 (2) 促进多元化（多元化的工作作风） (3) 利用理想的人力资源，开发人力资源 (4) 促进职业健康和安全以及健康和生产力管理 (5) 促进劳资双方的相互了解	(1) 员工满意度调查 (2) 培训 (3) 人事评价制度和职业发展咨询 (4) 劳资双方的会议 (5) 透过内部通讯及内联网传送及分享资讯 (6) 允许员工和管理层直接沟通的会议 (7) 奖励制度
消费者	(1) 开发有吸引力的产品和服务，迅速提供理想的响应和支持措施 (2) 提供适当的信息 (3) 有效管理客户信息	(1) 响应客户沟通中心的询问 (2) 必要时对客户输入进行分析、数据库编制和内部利用 (3) 根据需要通过网站和社交媒体传播信息 (4) 日常销售及服务活动 (5) 客户满意度调查
商业伙伴	(1) 公平交易 (2) 企业社会责任采购推广	(1) 日常采购活动 (2) 采购政策解释论坛/企业社会责任研讨会 (3) 制订和部署可持续采购政策 (4) 供应商奖 (5) 与管理层的讨论，经销商会议
当地社区及非政府组织	(1) 对当地社区的贡献 (2) 通过社会活动支持环境保护 (3) 在普利司通运营区域开展活动	(1) 社区成员开放日参观 (2) 环境及安全教育活动 (3) 为当地活动提供赞助和援助 (4) 赈灾救援等慈善行为 (5) 与非政府组织对话与合作 (6) 制定可持续采购政策

3.5 利益相关者治理路径

企业社会责任是复杂的环境中企业与利益相关者、利益相关者之间的互动，必须考虑到不同团体和个人的愿望及需要，这些团体和个人可能会影响或将会受到企业追求其目标的影响。在过去的几十年里，针对利益相关者的组织策略发生了变化，客户、员工和公民对企业政策、实践和行动的影响也在增长。随着与涉众的交互增加，它的重要性也随之增加。在20世纪的大部分时间里，在英国和美国，从利益相关者的长远利益出发经营的企业比那些采取短期利益相关者优先方式的企业更有可能繁荣。经济全球化和技术的发展将使纳入利益相关者成为21世纪企业战略中越来越重要的组成部分。

如前所述，利益相关者的参与对企业社会责任的实施至关重要。企业要认真考虑那些能够影响企业实现目标的能力的团体或个人的所有愿望和需求，以及其行为将产生的影响。满足他们所有的需求和期望是不可能的，因此达到平衡是最重要的。

3.5.1 利益相关者识别

面对不同的利益相关者，企业很难实现一视同仁。对于企业而言，其最优策略就要对不同的利益相关者进行识别，要确定在其活动中具有合法利益的利益相关者，并根据其在目标和绩效方面的相对重要性确定其优先次序。

Jensen（2002）提出，"开明价值最大化（enlightened value maximization）"是企业的唯一目标。在他的概念中，公司的整体价值最大化仍然是公司的首要目标。然而，他认为价值最大化也应该认识到其他利益相关者，因为"很明显，如果我们忽视或错误对待任何重要的支持者，我们就无法最大化一个组织的长期市场价值"（Jensen，2002）。他还呼吁公司与客户、企业、供应商、投资者和社区建立更好的关系，以确保开明的价值最大化战略。同时，他也明确指出，一个组织不能满足任何利益相关者群体的需求；相反，他呼吁优先考虑利益相关者群体的"在这些相互竞争的利益中进行选择"，以确保公司"繁荣和生存"（Jensen，2002）。

3.5.2 伦理框架设计

在履行相关责任时，企业可以对伦理框架进行开发，一般可分为四个步骤（IDEA，2008）。

第一步：识别决策所涉及的伦理因素。在做出明智的道德决策之前，对可能的道德层面要素识别是很重要的。这要求企业对与道德有关的决策有一个正确和完整的看法，避免道德困境。重点考虑能对企业产生影响的道德因素，即，诚实、公平、尊重社会、关心环境和信任。

第二步：确定主要涉众并确定决策对他们的影响。企业会影响许多利益相关者（例如，员工、客户、社区需求），也会受到这些利益相关者的影响。这些涉众的需求可能相互冲突，企业不得不进行优先排序，先满足谁，或哪些利益相关者需求无法满足。在进行决策之前，管理者必须确定利益相关者之间的利害关系，来理清各种利益相关者之间的利益冲突。

第三步：做出不同的选择，区分道德和不道德的反应。在制订备选行动方案和评估每一项行动的后果时，确保每个参与者都意识到伦理层面的问题，并实现之间的平衡。

第四步：选择最好的符合伦理要求的策略，并付诸实施。高管们可能会面对多个选择。将这些选择与理想的伦理结果进行比较，可能有助于做出最终决定。最终的选择必须与公司的目标、文化和价值体系以及个人决策者的目标一致。虽然道德行为不一定总是有利可图的，但不符合道德的行为经常会产生大量的损失，尤其是长期的损失（Baron，1996）。

3.5.3　有效沟通

有效的信息沟通是实现企业社会责任的关键。在与利益相关者的信息沟通中，企业不仅仅要涉及单向的信息传递，如企业的社会责任履行情况、动态发展等，同时还必须有双向的互动沟通，要对来自利益相关者的意见进行反馈或说明。有效的信息沟通有助于弱化企业与利益相关者之间的信息不对称，减少代理成本，便于企业更好地履行企业社会责任。

3.5.4　组织认同

由于企业社会责任管理是一个组织范围内的过程，它必须嵌入单个员工、部门等的行为中，并且它需要组织层次上的某些能力。根据企业基于资源的观点，组织能力可以定义为企业部署资源的能力（Amit and Schoemaker，1993）。

因此，协调和部署执行任务所需资源的能力是一项关键能力，而处理企业社会责任的需求需要新的能力组合。

为了发展企业社会责任的集体能力，企业社会责任必须以组织认同为基础；在合作中，使个人行动构成组织行动；为履行责任而必须承担的责任。这些集体能力的发展需要一个能力建设和学会负责任的战略过程。

首先，落实企业社会责任的关键在于在工作中形成的价值观和规范；其次，企业对社会的首要责任是提供商品或服务，从而创造财富、创造就业和纳税；再次，企业社会责任是企业文化的一部分，与企业的使命和愿景紧密相连；最后，企业使命陈述和愿景的内容要揭示企业社会责任的重要性。使命陈述的基本理念表明企业打算在其社会、经济和环境贡献方面采取的方向。在确定业务策略时，愿景提供了清晰的指导。它表达了业务专家为完成其既定使命所面临的挑战。企业的价值反映了在更大的计划中被认为是重要的问题，包括某些想法的相对价值、效用或重要性。总之，它们是企业文化的一部分，与企业的使命和愿景紧密相连。

3.5.5 社会责任嵌入

企业领导者应该尝试将多种形式的价值嵌入企业社会责任投资组合，甚至企业社会责任活动本身。通过企业的产品和服务所传递的企业社会责任承载着他人导向和自我导向的客户价值的潜力。

要想企业社会责任成功嵌入企业中，不但需要董事会认同、高管层认同，还需要员工认同。作为公司的高管层，必须扮演公司价值观的制定者、沟通者和保管人的角色。在企业社会责任的嵌入过程中，员工之间的互动，新的角色、职责和沟通流程等多个模块都要进行调整，建立一种致力于加强企业社会责任一体化的文化。

整体企业社会责任要求企业的外部活动受其内部结构的指导，但通常这些结构和企业的行为模式没有得到充分的检查。因此，最好不要把企业社会责任看作是一项活动方案，而应看作是一个整体的组织系统。这需要在整个业务中分配与企业社会责任相关的职责，制定公司事务决策的规则和程序、公司目标的结构以及实现这些目标和监视性能的方法。因此，一个持续与价值链中的利益相关者互动的企业及其所在的社会需要有一个平衡的企业社会责任活动范围。这就需要以前可能不存在的组织结构、内部协调和人员与部门之间的沟通手段。

3.5.6 组织建设与利益相关者关系管理

要达到前面所要求的目标，企业自身的组织结构建设也需要不断地完善与发展。企业不仅仅要实现配套的机构设置，还要进行意识形态的培养，以及相关技能的培训。同时，还应致力于培养与不同利益相关者群体的关系。与利益相关者的互动和参与越多，这种关系就越稳固和可持续，相互承诺也就越强。需要注意的是，能否在企业及其利益相关者之间建立信任至关重要，其关键取决于企业所表现出的开放程度和承诺。

第4章

企业社会责任治理研究理论与研究方法

企业社会责任的理论和方法存在很大的异质性。根据帕森斯(1961)的观点,企业社会责任理论和相关方法集中在以下方面:经济、政治、社会整合和伦理。因为在任何社会系统中都可以观察到:适应环境(与资源和经济相关)、实现目标(与政治相关)、社会融合和模式维持或延迟(与文化和价值相关)。

2004年,Elisabet Garriga和Domenec Mele(2004)对企业社会责任理论和相关研究方法进行了汇总说明,他们的分析将企业社会责任划分为四种类型的领域,并对每种理论都进行了详尽的阐释。这四种类型分别是:(1)工具理论(instrumental theories);(2)政治理论(political theories);(3)整合理论(integrative theories);(4)伦理理论(ethical theories)。企业社会责任的概念和方法确实存在一些相似之处,2008年,多梅内克·梅利(Domenec Mele)在《企业社会责任:必要实践的四种理论》(CSR: Four Theories for a Necessary Practice)中,将企业社会责任描述为一个随着时间的推移而发展、变化或转变的概念,因为随着社会的发展,企业也需要与时俱进改善与社会及其需求的方式。梅利认为,在众多企业社会责任理论中,股东价值理论、利益相关者理论、企业社会绩效理论和企业公民理论是最重要的四个理论。

2007年,Secchi提出了一组基于一个标准的理论,即这些理论赋予企业和社会什么角色。其理论主要有:(1)功利主义理论(the utilitarian theory);(2)管理理论(the managerial theory);(3)关系理论(the relationa theory)。在功利主义理论中，公司仅仅被视为创造财富的工具，公司作为经济系统的一部分，其功能是机械的，也就是传统意义上的利润最大化，它的社会活动只是实现经济效益的一种手段。企业社会责任的概念是在认识到有必要将责任经济学嵌入企业的商业道德之后产生的。因此，自由市场经济的旧观念让位于决定论，个人主义让位于公共控制，个人责任让位于社会责任。Secchi（2007）进一步将功利主义理论分为两类，即企业的社会成本理论和功能主义理论。社会成本理论是企业社会责任理论的基础，在企业社会责任理论中，社会经济系统受到企业非经济力量的影响。因此功利主义也可以被理解为工具主义理论的同义词（Garriga and Mele，2004），企业的社会责任仅仅是达到目的的一种手段，导致企业的社会权力具体体现在它与社会的政治关系中。因此，企业参与社会合作需要接受社会义务和权利。管理理论强调企业管理，侧重从企业内部处理企业社会责任的方法，具体包括企业社会绩效（CSP）、社会责任审计与报告（SAAR）和跨国公司的社会责任。企业的社会责任产生于企业所拥有的社会权力的大小，企业被理解为是一个公民，在社会中有一定的参与度。企业社会责任的政治权力的起源是基于Davis（1960）的观点，他提出企业是一个社会机构，它必须负责任地使用权力。关系理论源于复杂的企业环境关系，该理论由 Garriga 和 Mele（2004）对利益相关者方法的分析发展而来，随后得到了 Mitchel、Agle 和 Wood（1997）的支持。顾名思义，两者之间的相互关系是企业社会责任分析的重点。关系理论包括四个理论内容：企业和社会、利益相关者方法、全球公民和社会契约理论。

  本章将基于 Elisabet Garriga 和 Domenec Mele（2004）的研究，对重点的理论和方法进行讨论（见表 4-1 和表 4-2）。

第4章 企业社会责任治理研究理论与研究方法

表4-1 企业社会责任的效用理论、管理理论和关系理论

功利主义理论 (Utilitarian Theory)	社会成本理论 (Theories on social costs)	企业社会责任的理论基础。企业需要接受社会义务和权利来参与其中的社会合作，企业社会责任仅仅是达到目的的一种手段，它也被称为工具理论（Garriga and Mele, 2004）
	功能主义 (Functionalism)	将企业看作是经济系统的一部分，其目标之一就是盈利。从企业内部的角度来看，因为经济系统的平衡需要在盈利和社会效益之间取得平衡，所以企业社会责任是企业抵御外部攻击的一种防御策略
	企业社会绩效 (Corporate social performance)	衡量社会变量对经济绩效的贡献。因此，企业管理的问题是要综合考虑社会经济因素。它基于以下假设：即企业社会责任的增长和可持续性增长是依赖社会的。为了更详细地了解企业社会责任链条中的存在，将企业社会责任再细分为五个维度：（1）企业社会责任与核心使命的契合程度；（2）企业社会责任给企业带来的优势；（3）指利益相关者反应对负责任的行为的感知方式；（4）决定企业实施社会责任的自愿性；（5）衡量外部需求的主动性
管理理论 (Managerial Theory)	社会责任审计与报告 (Social accountability auditing and reporting, SAAR)	SAAR是指公司对其行为作出解释。SAAR通过会计、审计和报告流程与社会绩效贡献严格相关，通过SAAR，企业在履行其核心业务的同时要对相关社区负责，从而可以控制和规范企业的行为
	跨国公司的社会责任 (Social responsibility for multinationals)	伴随全球竞争和挑战而出现，是跨国公司赢得全球竞争的工具
	企业和社会 (Business and society)	即"社会中的企业"，社会责任源于两个实体之间的相互作用而出现。社会价值观的发展是衡量社会价值的重要指标之一，组织有义务考虑其决定和行动对整个社会制度的影响
关系理论 (Relational Theory)	利益相关者的方法 (Stakeholder approach)	将企业视为不同利益群体之间相互联系的网络，其中自我创造和社区创造方法既包含创新理论，也包含伦理理论。基于Garriga和Mele（2004）的分析，利益相关者方法做法是社会需求的整合，后者侧重于通过做正确的事情来实现良好的社会存在和其他行为。前者强调社会需求的整合中，后者侧重于通过做正确的事情来实现良好的社会

| 关系理论
(Relational Theory) | 全球公民
(Corporate global citizenship) | 基于 Garriga 和 Mele（2004）研究，这是一种整合理论和政治理论下使用的方法，企业公民身份在很大程度上取决于所涉及它的社区类型 |
| | 社会契约理论
(Social contract theory) | 分析企业与社会关系的理论基础 |

资料来源：Secchi（2007）Davide Secchi. Utilitarian, Managerial And Relational Theories of Corporate Social Responsibility [J]. International Journal of Management Reviews, 2007, 9 (4)：347－373.

表 4－2　Elisabet Garriga, Domenec Mele 的企业社会责任理论及相关方法

理论类型	内容	简要说明	主要来源
工具理论 (Instrumental Theories) （注重通过社会活动实现经济目标）	股东价值最大化 (Maximizing the shareholder value)	长期价值最大化	Friedman（1970）， Jensen（2000）
	竞争优势战略 (Strategies for achieving competitive advantages)	竞争环境下的社会投资 基于企业的自然资源观和企业的动态能力战略 经济金字塔底端的战略	Porter 和 Kramer（2002） Hart（1995）， Litz（1996） Prahalad 和 Hammond（2002） Hart 和 Christensen（2002） Prahalad（2003）
	事业联系营销（Cause-related marketing, CRM）	利他主义被公认的用作营销工具	Varadarajan 和 Menon（1988） Murray 和 Montanari（1986）

续表

理论类型	内容	简要说明	主要来源
政治理论 (Political Theories) (侧重从政治视角分析企业的权责)	企业宪制论 (Corporate constitutionalism)	企业的社会责任源于其所拥有的社会权力的大小	Davis (1960, 1967)
	综合社会契约论 (Integrative social contract theory)	假定企业与社会之间存在一种社会契约	Donaldson 和 Dunfee (1994, 1999)
	企业公民 (Corporate citizenship)	公司被视为公民, 应该在一定程度上参与到社区中来	Wood 和 Lodgson (2002), Andriof 和 McIntosh (2001) Matten 和 Crane (in press)
整合理论 (Integrative Theories) (关注社会需求的整合)	问题管理 (Issues management)	企业对那些可能对其产生重大影响的社会和政治问题的反应过程	Sethi (1975), Ackennan (1973), Jones (1980), Vogel (1986), Wartick 和 Mahon (1994)
	公共责任 (The principle of public resposibility)	强调以法律和公共政策过程为参照的社会绩效	Preston 和 Post (1975, 1981)
	利益相关者管理 (Stakeholder management)	平衡公司股东的利益 寻求社会合法性和程序	Mitchell 等 (1997), Agle 和 Mitchell (1999), Rowley (1997)
	企业社会绩效 (Corporate social performance)	对社会问题作出适当的回应	Carroll (1979) Wartick 和 Cochran (1985), Wood (1991b) Swanson (1995)

续表

理论类型	内容	简要说明	主要来源
	规范的利益相关者理论 (Normative stakeholder theory)	对公司的利益相关者承担受托责任。它的应用需要借鉴一些伦理理论(康德主义、功利主义、正义理论等)	Freeman (1984, 1994), Evan 和 Freeman (1988), Donaldson 和 Preston (1995), Freeman 和 Phillips (2002), Phillips et al. (2003)
伦理理论 (Ethical Theories) (专注于做正确的事情来实现良好的社会)	普世权利 (Universal rights)	以人权、劳工权利和尊重环境为基础的框架	The Global Sullivan Principles (1999), UN Global Compact (1999)
	可持续发展 (Sustainable development)	旨在实现人类的发展, 考虑到现在和未来的几代人	World Commission Environment 和 Development (Brudane Report) (1987), Gladwin 和 Kennelly (1995)
	公共利益 (The common good approach)	致力于社会的共同利益	Alford 和 Naughton (2002), Melé 2002), Kaku (1997)

资料来源: Elisabet Garriga, Domènec Melé. Corporate Social Responsibility Theories: Mapping the Territory [J]. Journal of Business Ethics, 2004 (53): 51 – 71.

4.1 工具理论（Instrumental Theories）

工具理论认为，公司是创造财富的工具，只有创造财富才是公司的社会责任。因此，只要能进行财富创造，公司就可以进行任何社会活动。之所以称其为工具理论，就是因为该理论把企业社会责任作为一种追求利润的工具，即企业社会责任是实现企业经济目标和创造财富的战略工具。

4.1.1 股东价值最大化——股东价值理论（The shareholder Value Theory）

20世纪后半叶，支持以创造股东价值的论点在美国开始流行，加上机构投资者的兴起，公司高管们彻底改变了公司的核心商业战略，从关注多样化和扩张转向关注"股东价值"，股东价值的意识形态已经成为美国和英国公司治理的一项原则。公司是为股东服务的，除非法律明确规范，否则任何不能为公司和股东创造价值的行为都是没有必要的。1999年，经济合作与发展组织（OECD）发布的公司治理原则强调，企业应该首先保障股东的利益（经合组织，1999）。

新古典主义理论认为，只有完成了股东价值最大化的任务，公司才能发挥最大的作用；企业的财务理论也认为，企业是投资的联合体，其收益必须最大化。因此，追求个人利益最大化的股东是公司的所有者，而公司是所有契约关系的纽带，因此公司的目的就是使股东价值最大化，即公司的主要责任是为股东创造利润，并努力提高股票价值。公司经理和股东之间形成代理关系，经理人是股东的代理人，他们作为委托人，寻求投资回报（Quinn and Jones, 1995）。股东价值最大化将公司产生的任何剩余收入（利润）描述为对股东履行的关键经济职能的回报，没有这些职能，这些剩余收入就不可能存在。一方面，股东回报被视为对股东承担风险的激励；另一方面，股东回报被视为对经理人进行监督的奖励。

企业只有一种社会责任——利用其资源，从事旨在增加利润的活动，在国家的法律框架和道德习俗范围内使股东的利润最大化（Milton Friedman，1970）。此外，为了利润，适当的慈善和社会活动也是可以接受的（Mc Williams and Siegel，2001）。

4.1.2 竞争优势战略（Strategies for achieving competitive advantages）

竞争优势战略侧重如何分配资源以实现长期的社会目标并创造竞争优势（Husted and Allen，2000）。其包括三方面内容：（1）竞争性环境中的社会投资（Social investments in a competitive context）；（2）企业及其动态能力的自然资源基础观（Social investments in a competitive context）；（3）经济"金字塔"底层的战略（Social investments in a competitive context）。

（1）竞争环境下的社会投资。

根据社会投资论坛（Social Investment Forum，2005），在美国，几乎每10美元中就有1美元是根据社会责任原则进行投资的。社会责任投资（SRI）起源于20世纪40年代，由于越南战争、城市冲突、环境恶化和种族隔离等重大社会动荡，这种以价值为基础的投资在20世纪70年代经历了快速扩张（Spencer，2001），促使越来越多的投资者把社会责任融入投资决策中。Alexander和Bucholtz（1978）发现，投资者可能认为社会责任感较低的公司是风险较高的投资。

对企业而言，投资慈善活动可能是改善企业竞争优势环境的唯一途径，即"集群成员的慈善投资，无论是单独的还是集体的，都会对集群竞争力和集群内各成员企业的绩效产生巨大的影响（Porter and Kramer，2002）"[①]。

（2）企业及其动态能力的自然资源基础观。

以资源为基础的企业观认为，企业的竞争优势取决于人力、组织和物质资源之间相互作用的能力。传统上，最有可能带来竞争优势的资源需要满足四个

---

① "philanthropic investments by members of cluster, either individually or collectively, can have a powerful effect on the cluster competitiveness and the performance of all its constituents companies" (Porter and Kramer, 2002).

条件：有价值、稀缺性、不易得到的，以及需要通过资源配置实现最优。该观点体现了资源的动态方面：它关注的是资源的创造、演化和重新组合成竞争优势的新来源背后的驱动因素（Teece et al.，1997）。因此，动态能力是管理者获取资源、修改资源、整合资源、重组资源以产生新的价值创造的战略（Elisabet Garriga and Domenec Mele，2004）。

早在1959年，美国经济学家 Edith Penrose 就提出："企业不仅仅是一个行政管理单位；企业更重要的存在形式是生产资源的集合。行政单位的角色和作用是，通过其行政决策来决定这些资源在不同使用者、不同时间的配置。当我们从这个角度来审视私人公司和评断其规模时，最好的标准是他们所操控的生产资源。"现代企业资源观（RBV）之父 Jay Barney（1991）认为，在公司之间可能存在着一种异质或差异，正是这些差异使一部分公司保持着竞争优势。因此，RBV理论强调战略选择，认为公司管理的战略任务就是找出、发展和配置这一部分与众不同的关键资源，以谋求最大化的经营回报。

Hart（1995）提出了一个更完整的"企业资源观"（Resource – Based View of the Firm）模型。他认为，推动新资源和能力开发的最重要因素将是自然生物物理环境带来的限制和挑战，对某些产业以及公司来讲，用在环境投资上的社会责任可以构成企业持续竞争力的一种重要资源或者能力。Hart（1995）构建并发展了三个主要相互联系的战略能力框架：污染预防（pollution prevention）、产品管理（product stewardship）和可持续发展（sustainable development），并认为持续改进、利益相关者整合和共享愿景是关键资源。

（3）经济"金字塔"底层战略。

在经济"金字塔"的底部，有数十亿的人口。经济"金字塔"底层战略就是把低收入人群当作目标市场，通过一定的策略，在为其提供产品和服务的同时也能为企业带来丰厚的利润。颠覆性创新（disruptive innovations）是其中比较常见的一种策略（Christensen and Overdorf，2000）。颠覆性创新指的是产品或服务不具备与主流市场客户使用的产品或服务相同的能力和条件，它们只能用于要求较低的非传统客户的应用，生产成本低，以满足低收入人群的需求。颠覆性创新可以改善经济"金字塔"底层的社会和经济条件，同时为其他行业的公司创造竞争优势。

4.1.3 事业关联营销（Cause-related marketing，CRM）

事业关联营销，也称为善因营销或高尚目标市场推广运动，是企业在承担一定社会责任（如为慈善机构捐款、保护环境、建立希望小学、扶贫）的同时，借助新闻舆论影响和广告宣传，来提高企业形象、提升品牌知名度、增加顾客忠诚度，最终增加销售额的营销形式。事业关联营销（CRM）是近年来出现的一种新的企业慈善形式，其基本原理是基于利润驱动的捐赠。

企业对社会福利的参与最初是对社会问题和问题的自愿反应，后来演变成强制性的企业参与阶段，现在又演变成企业把社会责任视为一种投资的阶段（Stroup and Neubert，1987）。早期的慈善事业和社会响应是由具有公益精神的公司自愿承担的。但在美国，早期的公司的捐赠是受法律限制的，只有在符合股东利益的情况下才可以。1954年，新泽西州最高法院的一项裁决确立了这样一个原则，即上市公司可以向不为公司股东创造利润的非营利实体提供资金。后来越来越多的企业开始意识到，为了生存和提高竞争优势，它们必须从做好事发展到做得更好。因此，社会责任被视为一种改善组织长期绩效的投资。

公司不断地寻找竞争优势，通过为目标市场的产品和服务增加感知价值来区分自己。越来越多的证据表明，品牌的亲和力和功能性正在驱动消费者的偏好，在某些情况下可以占到品牌资产的98%（Adkins，1999a）。随着消费者的情感和理性参与变得更加重要，事业关联营销开始体现出竞争优势。

消费者通常认为可靠和诚实的企业生产的产品质量好，而事业关联营销可以帮助企业获得良好的声誉。事业关联营销其实是一种营销计划，它被视为一种横向的合作式销售促进，是企业慈善事业和销售促进之间的一种结合。通过将为公益事业筹集资金与购买公司的产品或服务联系起来，旨在达到两个目的——提高公司业绩和帮助有价值的事业。公司长期以来一直试图提高它们的企业形象，在消费者心中培养良好的态度，并通过突出宣传它们的慈善行为和有价值的事业的赞助来实现增加的销售收益。

社会责任履行是企业获得竞争优势的一种手段，企业在从事慈善行为、履行社会责任的同时也获得了巨大的经济利益。事业关联营销体现了社会营销观念，是最高层次的营销观念，它不仅注重营销的效率和效果，还考虑社会与道德问题，并已经发展成为企业营销战略的重要组成部分。

4.2 政治理论（Political Theories）

Wood 和 Lodgson（2002）以及 Detomasi（2008）强调，企业的社会责任源于企业所拥有的社会财富，企业被理解为是一个具有一定社会参与的公民。企业社会责任的政治权力的起源是基于 Davis（1960）的观点，他提出企业是一个社会机构，它必须负责任地使用权力。同时指出，产生社会权力的原因来自企业内部和外部。Detomasi（2008）进一步认为，企业选择采取企业社会责任行动的战略部分取决于国内市场上存在的国内政治制度结构。

政治理论强调公司社会权力的群体，特别是强调公司与社会的关系以及公司在与这种权力相关的政治舞台上的责任。政治理论证明了企业所感受到的经济全球化压力、企业所在的国内政治结构和企业社会责任政策之间的联系，这导致企业承担社会责任和权利，或参与一定的社会合作。

这类理论和方法关注企业与社会的互动和联系，关注企业的权力和地位及其内在责任。对企业社会责任的探讨既包括政治考虑，也包括政治分析。虽然有多种方法，但主要涉及两种理论：公司宪制论和企业公民。

4.2.1 公司宪制论（Corporate Constitutionalism）

完全竞争经济理论的假设认为，除了创造财富之外，公司不能参与社会活动。但 Davis（1960）认为，企业具有影响市场均衡的能力，因此价格不是完全反映了解市场的参与者的帕累托最优。产生企业社会力量的原因不仅是企业内部的，也是外部的。它们的地位是不稳定的，而且不断从经济层面转移到社会层面，又转移到政治层面，反之亦然。Elisabet Garriga 和 Domenec Mele（2004）认为 Davis（1960）是较早探索商业权力在社会中的作用和社会影响的学者，他们研究提出，商业是一种社会制度，必须负责任地使用其商业权力。要对商业权力进行管理,需要遵循以下两条原则:"社会权力方程式"(The Social Power Equation)和"责任的铁律"(The Iron law of Responsibility)。

社会权力方程原理认为"商人的社会责任源于他们所拥有的社会权力的多少"(Davis,1967),社会权力责任的等式必须通过企业和管理者的职能角色来理解(Davis,1960)。

责任铁律是指不使用权力的消极后果,即"谁不负责任地使用他的社会权力,谁就会失去它"。从长远来看,那些不以社会认为负责任的方式使用权力的人往往会失去权力,因为其他群体最终会介入承担这些责任"(Davis,1960)。因此,如果一个公司不使用它的社会力量,它将失去它的社会地位,因为其他团体将占据它,特别是当社会要求企业承担责任时(Davis,1960)。

Davis反对企业负全部责任的观点,但他也反对激进的自由市场思想,即企业不承担任何责任。功能权力的限制来自不同选民群体的压力。这"就像治理心智结构一样,重新确立了组织权力"。选民团体不会破坏权力。相反,它们定义了其履行责任的条件。它们以支持的方式引导组织权力,保护其他利益免于遭受不合理的组织权力的侵害(Davis,1967)。因此,他的理论被称为"公司宪制论"。

4.2.2 综合社会契约理论(Integrative social contract theory,ISCT)——社会对企业成为出色的企业公民的要求

综合社会契约论来源于社会契约论(Elisabet Garriga and Domenec Mele,2004)。卢梭在《社会契约论》中提出了一个理论,即社会中的所有人都是自由的,因为"每个人都只服从于通过社会的'共同意志'而自我强加的法治"。卢梭强调自愿的集体维度,主张直接民主而非代表民主。霍布斯在他的著作《利维坦》(Leviathan)中提出了一个理论,他认为人们的动机是物质上的富足和对死亡的恐惧,"通过一种'社会契约'来创建一个政治社会"。唐纳森(1982)从社会契约的角度来思考商业与社会的关系,假定企业和社会之间存在一种隐性的社会契约。社会契约就意味着企业对社会的一些间接义

务，即企业应该对为其存在提供了条件的社会承担责任。这种方法解决了义务论和目的论应用于商业的一些局限性。之后，Donaldson 和 Dunfee（1994，1999）扩展了这一方法，并提出了"综合社会契约理论"（ISCT）[1]，通过建立一个松散的社会契约体系，设法将文化敏感性的决策能力与跨文化规范相结合，即在考虑社会文化背景的基础上，将管理的经验和非经验方面结合起来。Donaldson 和 Dunfee 提出了"社群主义的经济道德概念，该概念通过一种假设的社会契约来定义正确的伦理行为，强调经济系统和组织的现存成员的道德理解[2]"（Donaldson and Dunfee，1995）。该理论的目的是在不损失其他系统优点的情况下纠正这些系统的缺点，它依据悠久而丰富的社会契约思想传统，认为所有理性的人类都是有意识的。

企业社会责任源于契约，这些学者假定了两个层面的契约——宏观社会契约和微观社会契约。理性的个体将同意一个假设的社会契约，即"宏观社会契约"，这将为个体经济社会保留重要的道德自由空间，通过实际的"微观社会契约"形成自己的经济行为规范（Donaldson and Dunfee，1995）。

综合社会契约论的目标是在保持跨文化规范的同时保持文化敏感性，而这又都取决于综合社会契约论平衡明显冲突的特殊需求和一般需求的能力。Donaldson 和 Dunfee（1995）认为，首先，每个社区的人必须同意一套由当地文化产生的规范，即"微社会契约"。这些契约认识到，理性既受到其成员的环境和有限能力的制约，又认识到这些环境和有限能力的制约；也就是说，他们认识到理性是"有限的"（Donaldson and Dunfee，1995）。Donaldson 和 Dunfee 称这些文化决定的规范为"真正的规范"。其次，真正的规范只有在不与一套超规范相抵触时才是"合法的规范"，超规范被定义为"对所有人类的基本道德戒律……它们表达了对人类生存如此重要的原则，以至于人们期望它们能反映在宗教、政治和哲学思想的融合中"。这些超规范在道德自由空

---

[1] 综合社会契约理论认为行为规范是从人或社会共有的目标、观念和态度中产生的，用以维护社会道德秩序所必需的社会契约。综合社会契约论主张事物对与错及某行为恶与善的判断标准，要因不同社团而有异。

[2] "communitarian conception of economic morality that defines correct ethical behavior through the device of a hypothetical social contract emphasizing the moral understanding of living members of economic systems and organizations".

间中设置了边界，文化产生的规范在其中发挥作用。最后，他们在体系中提供规范的第三个组成部分是一组"优先规则"，这些规则源于假设的宏观社会契约，并决定如何识别、分类和实施相互冲突的地方规范。每一个组成部分的目标都是引导个人和团体做出道德决定，这些决定在文化上是敏感的，而不是相对的。

理论上的宏观社会契约，它吸引着所有理性的契约者。宏观社会契约为任何社会契约提供了规则。这些规则被称为"超规范"；他们应该优先于其他合同。这些超规范是基础，以至于"在宗教、政治和哲学思想的融合中都能看到它们"（Donaldson and Dunfee, 2000）。微观社会契约显示出在一个确定的组织内具有约束力的显性或隐性协议，无论这个社区是行业、公司还是经济体系。这些产生真实规范的微观社会契约是建立在规范生成共同体成员的态度和行为基础上的，要满足法律要求就必须符合"超规范"。

之后，Gilbert 和 Behnam（2009）对社会契约理论进行了评估，认为利益相关者之间的社会契约需要一个合理的程序重点，而不是实质性重点。他们认为，社会契约方法是一种基于社会建构的一元的、假设的推理概念，应该被一种实用的推理概念所取代。

4.2.3　企业公民理论（Corporate Citizenship Theory）

企业社会责任包含四个层次，其中第四个层次为慈善责任，就是指成为一个优秀的企业公民（Carroll, 1991）。正如 Zadek（2001）所说，"企业公民意识只有发展到一定程度，企业才会积极推动和制度化新的全球治理框架，从而有效保障公民市场行为"。

企业公民理论将企业定义为"积极为社会甚至整个世界做出贡献"的企业公民。在这里，组织被视为公民，它们不仅应履行其普通的法律职责，还应参与社会福利，甚至整个世界的福利。其内涵涉及"对社会福利做出贡献的所有企业行为，而可持续发展和企业社会责任的相关概念也蕴含其中"。

企业公民的历史与企业权力的历史是相辅相成的。例如，北美公司最初是在18世纪被设想为服务于公众利益的实体，但在过去200年里，它们系统性地削弱了州和联邦政府监管或管理其活动的权力。这里没有要求企业为公众利益服务的立法要求，因此就开启了艾伦·格林斯潘（Alan Greenspan）所说的更多"通向贪婪的道路"。任何对企业公民或企业责任的分析都必须从企业滥用权力的角度来看待，正如Mitchell（1989）所指出的，企业公民和社会责任的论述代表了一种旨在使大企业权力合法化的企业意识形态。这些论述将商业社会关系建立在企业利益的基础上，而不是社会利益的基础上（Windsor, 2001）。

企业公民最早源于管理实践界，早在20世纪中后期，企业公民就出现在美国的企业界，并成为全球商业实体的共同语言。在80年代，"企业公民"一词主要通过从业者被引入商业和社会关系中（Altman and Vidaver Cohen, 2000）。自20世纪90年代末和21世纪初以来，这个词在商界越来越流行，学术研究也越来越多（Andriof and McIntosh, 2001）。1999年，科菲·安南在达沃斯世界经济论坛向商界领袖提交联合国全球契约（UNGC）。安南要求商界领袖加入这一倡议并在经营活动中自愿支持人权，遵守社会和环境标准、与腐败作斗争。企业公民的最初目的就是改善商业行为，促使企业履行责任。2002年1月，全球34家最大的跨国公司CEO在纽约召开的世界经济论坛上共同签署了"全球企业公民——对CEO和董事会的挑战"联合声明，其中包括可口可乐公司、德意志银行、麦当劳公司、飞利浦公司和瑞士银行等，这一联合声明的签署成为企业公民发展的新的里程碑。此外，需要强调的是，截至2006年，全球主要的公司，如花旗集团、惠普、微软、松下、施乐等公司，都在其年报的非财务报告部分进行企业公民报告或类似的说明。随着管理实践的发展，企业公民被引入理论界，并开始日益兴盛。

在早期，企业公民是指公司自愿在当地社区所进行的慈善行为或履行社会责任行为，如慈善捐款。因此，Carroll（1991）将企业公民置于企业社会责任"金字塔"的顶端，认为企业公民是企业超越商业行为的自愿行为。从这个角度理解，企业公民是一种回报社会的选择，相比Carroll（1991）定义的企业社会责任的其他三个层次，企业公民更多的是源于社会对企业的期望。企业社会责任和企业公民都可以创造社会资本，有助于社区适应社会的经济变革，实现企业与政府和非营利组织之间的互动，帮助有需求的利益相关者构建和谐社会关系。企业社会责任侧重构建概念框架，而企业公民侧重实践操作，共同协调企业与社会利益相关者之间的关系。企业社会责任是一种经营责任，公司有义务保护并改善社会福利（Davis and Blomstrom，1975）。企业公民实践侧重于利益相关者理论，意在为善者诸事顺。因此，企业可以因为其企业公民行为而获益，有助于其商业行为活动、提高公司声誉、获得员工青睐、提高士气和忠诚度、获得消费者偏爱、维护与供应商的关系、降低生产成本等。从政府角度来看，企业公民可以刺激经济，对发达国家和发展中国家的社会利益和环境利益均有好处，加强企业的参与公共问题与社会问题意识，促进产业创新和制度创新，增强对非营利组织的金融支持。

在理论界，企业公民最早出现于20世纪50年代的企业责任研究领域，经过数十年的理论发展与实践，企业公民已经成为研究企业社会角色的常见术语，并被视为利益相关者理论在企业社会责任层面的具体应用。

作为一个术语，企业公民的概念在理论界尚未统一。在政治学中，现代国家的公民被认为是私有权利的载体，如拥有财产的权利、签订私人合同的权利和从事市场活动的权利。伴随这些私人权利而来的是受教育和保健的权利（即社会权利）以及参与制定公共规则和共同关心的问题的权利（即政治权利）（马歇尔，1965）。

企业对社会拥有与公民类似的权利和责任的概念借鉴于政治学，并在学术研究和商业实践中得到广泛关注。与此同时，公民有义务与他/她的公民同胞团结一致，关心共同的利益。但是，商业公司在这些方面的权利和义务地位并不清楚。虽然一些学者认为公司和商业公司应该被认为等同于公民（Carrolll，1998），但另一些学者认为公民概念不可能轻易地转移到公司上（Norman and Neron，2008）。企业应该被视为类似于国家的机构，而不是公民（Matten and Crane 2005）。因为，在政府既没有能力也没有意愿保护公民权利的情况下，企业往往扮演着类似国家的角色。

一些学者认为企业公民和企业社会责任是同义词（Swanson and Niehoff，2001），有些学者则认为，企业公民关注的是企业内部的组织价值观，而企业社会责任关注的是与企业行为相关的外部性（Woodand Logsdon，2001）。还有学者认为，这两种话语的根源也不同：企业公民是一种更以实践者为基础的方法，而关于企业社会责任的话语产生于学术界（Davenport，2000）。Matten 等（2003）总结了"企业公民"的三种观点：（1）有限的观点；（2）等同于企业社会责任的观点；（3）企业公民的扩展观点。

在有限的观点中,"企业公民"的使用在某种意义上非常接近企业慈善、社会投资或对当地社区承担的某些责任。Carroll(1999)认为"企业公民"是对企业在社会中作用的一种新概念,根据企业公民的定义,这一概念在很大程度上与企业在社会中的责任的其他理论重叠。最后,在企业公民的扩展视野中(Matten et al.,2003),企业在政府保护失败时进入公民领域。这一观点的产生是由于一些公司逐渐取代了传统公民概念中最强大的机构,即政府。

Birch(2001)对企业公民的概念框架进行构建,概述了"企业公民的12项基本原则",包括"与众不同、赋予员工和利益相关者权力、透明度、责任分担、包容性、可持续资本主义、三重底线、长期主义、沟通、参与和对话"。Martin(2002)认为,消费者、投资者和经营者会要求公司"谨记其对雇员、社区和环境的义务"。这些利益相关者包括股东、消费者、供应商、雇员、媒体、政府监管机构和其他施压团体。在某种程度上,企业公民就是企业如何履行其利益相关者所赋予的经济、法律、道德及全权责任(Maignan et al.,1999)。尽管许多的公司和研究者已经尝试对企业公民进行不同定义,但都认为经营者有义务根据社会目标和价值观制定相关政策。综上所述,企业公民一般指公司与道德价值观、遵纪守法、尊重员工、社区和环境有关的决策行为,涉及公司在运作过程中对利益相关者和自然环境影响的战略和运营实践。马修·黑格和马克·琼斯在其2007年的著作《跨国公司与新企业公民》中进一步阐述了企业公民的概念,但其理论的局限性在于,由于企业的外部环境差异太大,制定企业公民的统一标准则非常困难。

较为普遍接受的观点是波士顿学院(Boston College)企业公民中心(Center for Corporate Citizenship)对其的定义,即企业公民是一个公司将社会基本价值与日常商业实践、动作和政策相整合的行为方式;公司的成功与社会健康和福利密切相关,因此,它会全面考虑对所有利益相关者的影响,包括雇员、客户、社区、供应商和自然环境。在这种理念下,企业公民被视为"一种商业策略,因为它塑造了支撑企业使命的价值观,帮助高管、经理和员工在每天参与社会活动时做出的选择"。公司应该像其他公民一样,在社会中有自己的位置,并发挥其作为公民的重要作用。这些企业公民的概念应该通过与利益相关者的接触和对话来实施,企业应该始终与利益相关者进行接触,并与他们建立关系(Waddock,2001)。企业应成为企业公民在于:(1)良好的企业公民与财务业绩相关;(2) 如果一个公司是一个糟糕的公民,那么社会终将把它踢出市场。

关于企业公民的角色和范围的争论源于公司理论的两个不同假设。从公司的角度看,公司更看重其经济层面的问题,关注效率以最大限度地实现寻租机会。从社会学的角度来看,公司是一个社会实体,更关注合法性问题。这种二分法存在的问题是:合法性从属于效率,而合法性的术语通常由效率标准来定义。对文献的研究表明,这一论述背后的理论基础和假设是:(1) 企业应该超越赚钱的思维,关注社会和环境问题;(2) 企业应遵守道德,并尽可能实现商业行为的完整性和透明度;(3) 对企业所在的社区而言,企业应通过慈善事业或其他方式加强社会福利和提供社会支持。

随着全球化的发展,全球企业公民的思想随之产生。Tichy 等(1997)认为,企业的全球公民身份有五个基石:"理解、价值观、承诺、行动和合作";要广泛理解包括人力资本、社会问题、文化差异、环境问题和生态问题;需要价值观来"优化人力资本的潜力,保护世界环境";承诺包括"相信并关心这些价值观和长期投资";采取一定的行动,如果"公司内部制度化将奖励员工",并且需要"与人、与政府、与社会"合作。

4.3

整合理论(Integrative Theories)

整合理论认为,商业应该与社会道德相整合。他们通常认为,商业依赖于社会的连续性和增长,甚至依赖于商业本身的存在。我们可以把这个群体称为综合理论。

这组理论着眼于商业如何影响社会需求,并认为商业的存在、持续和增长依赖于社会。社会需求通常被认为是社会与企业互动的方式,并赋予企业一定的合法性和威望。企业管理作为一个整体,应该考虑社会需求,并将其整合,使企业的经营符合社会价值观。因此,企业责任的内容是特定的空间和时间所依赖的社会价值观,并通过公司的职能角色体现出来(Preston and Post, 1975)。从根本上说,这一理论关注的是对社会需求的发现、扫描和响应,旨在实现社会合法性、获得更大的社会接受和声望。

4.3.1 问题管理（Issues Management）

问题管理又称战略问题管理（Strategic Issues Management，SIM），是通过市场和公共政策过程对组织和社区资源共同管理，通过与利益相关者的合作平衡来创建和制订促进组织利益和权利的计划。SIM 包含组织成功所需要的主要功能，它的范围和目的需要整合战略管理/规划、问题监控、通过企业社会责任获得合法性。问题管理关注的是对问题反应的设计，而不是简单的检测和评估。

随着研究的发展，问题管理研究发展成为若干思想流派，比较常见的有两个流派。第一个是企业沟通或公共事务视角，关注企业"预期、监控和管理其与那些塑造企业运营和环境的社会和政治环境力量之间的关系"的过程；第二个研究方向是组织行为学，主要关注组织内部由外部事务管理引发的（社会和心理）过程，即"研究影响个人和群体行为的因素"。公司越早发现潜在的威胁或机会，并制订适当的行动方案，就越有可能影响问题的发展，或至少在这个问题上比直接竞争对手获得相对有利的地位（Johnson，1983）。大多数对问题管理感兴趣的学者将战略问题管理过程分为三个阶段：（1）扫描（scanning）；（2）监视（monitoring）；（3）响应（responding）。

扫描指的是"一种类似雷达的活动，通过这种活动，企业试图发现和识别其战略中不可预见的障碍"（Gollner，1983）。扫描包括前瞻性模式和回顾性模式（Fahey and Narayanan，1986）。前瞻性环境扫描的重点是识别潜在环境变化和问题的前兆或指标。回顾扫描被动地收集和传递关于"惊喜"的信息，这些"惊喜"是完全开发出来的，但之前未被注意到的战略问题，需要组织部分立即采取行动（Dutton and Ottensmeyer，1987）。扫描的目的是识别组织环境中可能影响组织有效性的关键趋势、变化和事件（Milliken，1990）。监控的目的是评估战略问题影响的重要性和紧迫性（Wartick and Wood，1998），监控旨在确保"对扫描过程中产生的微弱信号的直觉和直觉判断被跟踪，以进行确认精化、修改和验证"（Fahey and Narayanan，1986）。响应开发活动的主要目标是消除预期差距，并且"公司对问题的响应首先必须与问题所代表的差距类型一致"（Wartick and Wood，1998）。

Wartick 和 Rude（1986）将问题管理定义为"企业识别、评估和应对那些可能对其产生重大影响的社会和政治问题的过程"。问题管理试图通过作为潜在环境威胁和机遇的早期预警系统，将伴随社会和政治变革的"意外"最小化。此外，它通过作为公司内部的协调和整合力量，促使对特定问题作出更系统和有效的反应。由于问题管理研究被视为一组特殊的战略问题或国际研究的一部分（Brewer，1992），因此问题管理研究一直受到战略领域的影响。这导致了与问题相关的主题（识别、评估和分类）的研究，社会问题阶段的正式化和管理问题的回应。其他被考虑的因素包括企业对媒体曝光、利益集团压力和商业危机的反应，以及组织规模、高层管理承诺和其他组织因素。

4.3.2 公共责任原则（The principle of public responsibility）

Lee E. Preston 和 James E. Post（1975）在他们的论文《私人管理与公共政策》中运用经济学、政治学、系统论和管理学的理论观点，指出社会对企业的真正重大影响是通过公共政策领域。换句话说，社会和企业管理层用来评估单个公司的社会影响的核心标准——他们称其为"公共责任原则"——来自一个稳定但不断变化的公共政策过程。

Preston 和 Post（1981）认为，响应性方法和纯过程方法是不够的。他们提出的"公共责任原则"强调公共过程的重要性，并在相关的公共政策框架内为合法的管理行为找到了一个合适的指导方针，"公共政策不仅包括法律法规的文本，还包括在民意、新出现的问题、正式的法律要求和执行或实施实践中反映出来的社会方向的广泛模式"（Preston and Post，1981）[①]。

20 世纪 20 年代之前，公共关系侧重于信息的传播或单向传播模式，在这种模式中，信息的质量很重要，但尚未充分考虑到受众的反馈。随着社会科学家开始注意到公共关系这一职业，公共关系的范围和地位都有所扩大。

Preston 是加拿大皇家企业集中度委员会的顾问，是研究企业社会责任过

---

① "public policy includes not only the literal text of law and regulation but also the broad pattern of social direction refected in public opinion, emerging issues, formal legal requirements and enforcement or implementation practices".

程的早期理论家之一。Preston 和 Post 认为，公司对某些与社会存在初级和次级关联负的问题有责任，但对与这些关联无关的问题不负有责任。这项研究帮助建立了企业和社会相互依存的概念，后来扩展到包括响应性战略。在 Preston 和 Post 之后，Frederick 提出了企业社会责任和企业社会响应，分别简称为 CSR1 和 CSR2。

不久之后，Carroll 开始强化 CSR1 的定义，指出企业对社会有四个基本责任：经济、法律、道德和自由裁量权。他还概述了四种主要的响应策略：反应性、防御性、适应性和前瞻性。

Wartick 和 Cochran 在 Carroll 的 CSR2 过程观点的基础上提出，除了反应性或防御性之外，还有响应性和交互性，将 CSP 定义为"社会责任原则、社会反应过程和为解决社会问题而制定的政策的综合"。

Miles 认为响应性 CSR2 与公司的外部事务策略和设计有关，两者都依赖于最高管理层的理念，Miles 代表了管理研究者中唯一一个有意义强调沟通在社会责任中的重要性社会问题。

伍德还提供了一个完善的原则、过程和结果模式下的企业社会绩效模型。这些原则有助于描述建立在合法性、公共责任和管理裁量权基础上的企业社会责任。企业社会责任的过程包括环境评价、利益相关者管理和问题管理。

4.3.3 利益相关者管理（Stakeholder Management）

利益相关者管理方法提供了一种与主流的"股东管理方法"截然不同的管理公司的方法。

利益相关者管理的研究始于 20 世纪 70 年代末（Sturdivant, 1979）。Emshoff 和 Freeman（1978）开创性地提出了两个关于利益相关者管理的基本原则：第一，利益相关者管理的核心目标是实现整个利益相关者群体体系与企业目标之间最大限度的整体合作；第二，管理利益相关者关系的最有效策略就是尽最大的努力去处理协调利益相关者之间的关系。利益相关者管理试图将拥有公司股份的集团整合到管理决策中。大量的实证研究发现，利益相关者管理在很多方面都有重要的意义。例如，如何确定企业利益相关者关系中的最佳实践（Bendheim et al., 1998）、利益相关者网络结构关系的影响（Rowley, 1997）、利益相关者对管理者的重要性（Agle and Mitchell，1999），利益相关者管理对财务绩效的影响（Berman et al.，1999），以及管理者如何成功平衡各利益相关者群体的竞争需求（Ogden and Watson，1999）。随着公司受到非政府组织、活动人士、社区、政府、媒体和其他机构力量的压力日趋增大，一些公司开始通过与广泛的利益相关者建立对话，寻求企业对社会需求的回应，这种对话"不仅增强了公司对其环境的敏感性，而且增加了环境对组织所面临困境的理解"（Kaptein and Van Tulder，2003）。

Donaldson 和 Preston（1995）的三种分类——工具性、描述性和规范性——仍然是理解利益相关者理论的多种方法的有用框架。

如果一个公司能够与它的利益相关者网络的所有成员建立并保持可持续的、持久的关系，那么这个公司就可以持续一段时间。这些关系是管理者必须管理的基本资产，也是组织财富的最终来源。

4.3.4 企业社会绩效理论（The Corporate Social Performance Theory，CSP）

利益相关者理论可能是处理与企业"更广泛"责任相关问题的最流行方法，另一个重要的框架是企业社会绩效理论。企业社会绩效理论的概念是由企业社会责任（Corporate Social Responsibility）和企业社会回应（Corporate Social Responsiveness）的概念演变而来的，这两个概念是针对组织的社会责任以及这些社会责任应该如何实施的问题而提出的，企业的社会绩效不仅包括企业的社会责任，还包括企业的社会响应过程和企业行为结果。

Clarkson（1995）认为企业社会绩效的评价应以利益相关者的满意度为依据，而不是以企业社会反应能力或履行企业社会责任为依据。Clarkson（1995）提供了一份系统的"股东问题"列表，以促进描述性研究，从而提供数据来测试工具假设。

企业社会绩效（CSP）对社会的合法性进行了探索。"企业绩效"模型包括三个要素：基本的社会责任定义，社会责任存在的问题清单和对社会问题作出反应的哲学规范。卡罗尔认为，社会责任的定义必须包含经济、法律、伦理和可自由裁量的企业绩效类别，它完全涉及企业对社会承担的全部义务。后来,他将自己的四部分分类纳入"企业社会责任金字塔"(Carroll,1991)。之后,Schwartz 和 Carroll(2003)提出了一种基于三个核心领域(经济、法律和伦理责任)和 Venn 模型框架的替代方法。

Wartich 和 Cochran(1985)扩展了 Carroll 的方法,认为企业的社会参与建立在社会责任原则、社会反应过程和问题管理政策的基础上。Wood(1991b)提出了一个由企业社会责任原则组成的企业社会绩效模型,该模型由企业社会责任过程的原则和企业行为的结果组成。企业社会责任的原则被理解为一种分析形式,它们包括:企业社会责任的原则,体现在机构、组织和个人层面的企业社会反应的过程(如环境心理评估、利益相关者管理和投诉管理),企业行为的结果(包括社会影响、社会项目和社会政策)等。

Wood 特别借鉴 Carroll(1979)、Wartick 和 Cochran(1985)的观点,提出了 CSP 的原则、过程和结果框架。因此,CSP 定义为:企业组织基于社会关系而在组织中对社会责任原则、社会反应过程、政策、计划和可观察结果的配置(··· a business organisation's configuration of principles of social responsibility, processes of social responsiveness, and policies, programs and observable outcomes as they relate to the societal relationships)。Wood(1991)对企业社会责任作出反应所需的进程进行了概述,认为整个进程需要扫描和分析社会、法律、政治、经济和技术环境;了解哪些利益相关者很重要;识别社会问题和应对管理。

基于社会责任和反应的需要,这一理论认为企业和社会是共生关系,每一方都在互动中履行自己的义务。公司在社会中运作,社会给企业提供生存空间和便利。作为回报,企业必须通过创造财富、为社会需要作出贡献以及履行社会义务来服务社会,而企业必须以负责任和反应迅速的方式履行社会义务。当企业遵守这种共生关系时,就会赢得良好的声誉,而声誉对企业而言是一种无价的资产。该理论的局限性在于:企业试图赋予资本主义人性,而较少强调其商业行为的伦理。

4.4

伦理理论(Ethical Theories)

伦理理论认为,企业与社会之间的关系与伦理价值观息息相关。这就引出了企业社会责任的伦理视角。因此，企业应该把社会责任作为一项道德义务，而不是其他任何考虑。该理论方法侧重于巩固企业与社会之间关系的伦理要求。它们所依据的原则是，做正确的事情是实现良好社会的必要条件。规范利益相关者理论（Normative Stakeholder Theory）、公共利益方法（The Common Good Approach）等都属于伦理理论的范畴。

4.4.1 规范利益相关者理论（Normative Stakeholder Theory）

利益相关者理论是现代企业伦理的重要组成部分，有工具性和规范性两个方法。工具性的方法依赖于实现目标的最佳途径的假设主张，而规范性的方法更多地依赖于伦理主张，从哲学的角度以公理的方式演绎公司的规范和原则。许多学者主张对利益相关者理论采用规范而非工具的方法。康德的定言令式是构建企业利益相关者理论的中心支柱，也有学者以公共利益理论或公平原则为基础。简而言之，基于伦理理论的利益相关者方法对企业社会责任提出了一个不同的视角，其核心则是伦理。

规范的利益相关者理论最早源于商业伦理学家的直觉感知，他们认为管理者必须对与企业相关的其他人承担道德责任，而不仅仅是对股东负责。1984 年，弗里曼（Freeman）撰写了《战略管理：利益相关者方法》（*Strategic Management: a Stakeholder Approach*），自此利益相关者管理成为一种基于伦理的理论。在这本书中，他以"管理者与利益相关者之间存在信托关系"为出发点，打破了对股东负有完全的信托责任的传统观点，将那些与公司（供应商、客户、员工、股东和当地社区）有利害关系的团体理解为利益相关者。

Donaldson 和 Preston（1995）对利益相关者理论中的描述性、工具性和规范性方法进行了区分。描述性方法只是试图确定公司是否考虑了利益相关者的利益；工具性方法着眼于利益相关者管理对公司绩效的影响；规范性方法关注的则是为什么要考虑利益相关者的利益。Donaldson 和 Preston（1995）认为利益相关者理论必须建立在规范性方面，他们将规范性方法表述为："管理者应该承认不同利益相关者利益的有效性，并尝试在一个相互支持的框架内对其做出回应，因为这是管理职能的道德要求。"他们将研究细化后认为，利益相关者理论有一个规范的核心,该核心基于两个主要观点:(1)利益相关者是在公司拥有合法利益的个人或团体,无论公司关心与否,利益相关者都根据其在公司的利益进行识别;(2)所有利益相关者的利益都具有内在价值,这种内在价值源于每个利益相关者群体对自身利益的考量。

根据这一理论,具有社会责任感的公司不应该仅仅只关心股东的利益,他们不但要关注所有利益相关者的合法利益,并且还必须对这些利益进行平衡。仅仅对利益相关者理论进行一般性表述是不够的。要想解释公司应该如何被治理,管理者应该如何行动,就需要一个规范的伦理原则核心(Freeman,1994)。弗里曼、埃文和鲍伊都主张对利益相关者理论提出一个比公共政策辩论中所考虑的更为苛刻的版本。首先,他们的诉求延伸到公司的所有利益相关者,而不仅仅是公共政策环境中通常涉及的两种诉求(雇员和社会)。其次,他们认为公司及其管理者不仅应该考虑这些利益相关者的利益,而且应该让他们参与公司的决策过程(Freeman and Evan,1990)。

Darryl Reed(2002)认为规范利益相关者理论包括三种不同形式的义务,即伦理、道德和合法性,(1)尊重公共自治行为的责任,即使没有通过正式的民主程序使之合法化;(2)履行其他行动者(如政府)未履行义务的责任;(3)解决历史不公问题的责任。他认为所有公民都有共同的利益,即他们的"政治平等得到了保证"。Reed 进一步提出了他的论点,所有人都有必要保护自己的物质和物质生活。他声称,在此基础上,任何经济体系都必须具备惠及所有人的能力。因此,每个人都必须有公平的经济机会。既然企业可以破坏这种公平的机会,那么就可以假定企业活动的合法权益。在此基础上,Reed 提出了一个非常普遍的利益相关者关系:"我们都与我们所属社区的所有成员有利害关系,按照我们共同认同的准则和价值观生活。"

此外,还有不同的学者有不同的看法,并提出了各自的规范伦理理论,Freeman(1994)提出了"公平契约学说",Freeman 和 Philips(2002)将自由意志主义的概念与公平契约学说相结合,提出了利益相关者理论的六个指导原则等。Phillips(1997,2003)根据罗尔斯公平竞争原则的六个特点,提出引入公平竞争原则:互惠、公平、合作、牺牲、"搭便车"的可能性和自愿接受合作方案的利益。

4.4.2 普遍存在的权利（Universal Rights）

权利是由于个人的人性而赋予的，是对待人类的基本标准，允许采取行动并规定的义务。自然权利学说认为，人权不是君主遗赠的产物，而是全人类与生俱来的权利，是普遍存在的。现代人权运动的基本立场是：不论性别、宗教或种族，所有人的价值和尊严都是平等的。自然权利学说与现代人权理论的解释相一致，都认为权利是普遍的，是独立于政府而产生的。这种普遍的、平等的、自然的权利观念植根于更为宽泛的公民概念。现代自由民主的人权概念通常包含三个基本要素：权利是人类与生俱来的；权利是平等的；最后，权利是普遍存在的。

人权已经成为企业社会责任的基础，特别是在全球市场上（Cassel，2001）。近年来，有人提出了一些以人权为基础的企业责任方法，把一套特定的观念和文化上根深蒂固的价值观看作是普遍存在的。认为权利是普遍的，并公平地适用于所有人的观点起源于希腊学派，其中最主要和最有影响的是斯多葛学派。斯多葛学派是第一个系统地捍卫普遍、平等和自然权利的思想的，正是由于斯多葛主义，才有了普遍权利的现代概念，也正是通过斯多葛学派，让世人了解到，普遍权利的概念有着比一般人所认为的更古老、更值得尊敬的起源。斯多葛学派将世界国家的概念系统化并推广开来，将人类世界作为一个统一的整体。斯多葛学派对西方政治思想产生了重要的影响，并对国际联盟和后来的联合国也产生了一定的影响；他们是自然法思想的第一个也是最有影响力的传播者，为18世纪和19世纪功利主义奠定了基础；自然法的传统（Simon，1992）、维护自然的人权（Maritain，1971）等道德哲学理论为其提供了理论基础（Donnelly，1985）。其思想基本上是一种现代的自由民主的思想，起源于17世纪和18世纪欧洲启蒙运动，在1776年的美国独立宣言和1789年的法国人权宣言中都有明确的阐释。

20世纪初，随着国家和国际权威人士的新倡议，促进人权的趋势得以延续。英国制定了早期失业和社会保障福利，美国开始劳工改革，并赋予妇女投票权。在经济"大萧条"时期，许多国家都进行了大规模的改革，以确保更大的经济平等。此外，国际联盟（the League of Nations，20世纪早期的标志性国际组织）的创立，表明了人们对人权规范的普遍接受。后来，联合国取代了国际联盟，并推进该组织开始的许多倡议。除了提供国际和平与安全以及和平解决国家间争端外，联合国的宗旨是"通过国际合作解决国际经济、社会和其他人道主义问题"。

"冷战"期间，除了《世界人权宣言》《公民权利和政治权利国际公约》和《公民权利和政治权利国际公约》之外，国际社会还通过了大量的国际人权和人道主义法公约和公约。人权文书包括《防止及惩治灭绝种族罪公约》《消除一切形式种族歧视国际公约》《关于难民地位的公约》《关于难民地位的第一议定书》《消除对妇女一切形式歧视公约》《禁止酷刑和不人道及有辱人格待遇公约》《儿童权利公约》等。20世纪70年代早期，公司的社会责任就开始涉及其对人权和环境权利承担责任。80年代进一步加强，到了90年代，全球化开始出现，大量民间社会团体成立并要求企业履行社会责任。

联合国《全球契约》中包括涉及人权、劳工和环境等九个方面的原则，2000年，《全球契约》在纽约联合国总部正式启动，之后被许多公司广泛采用。《全球契约》旨在通过集体行动的力量，"促进负责任的企业公民意识，使企业能够成为应对全球化挑战的解决方案的一部分"。SA8000（www.cepa.ong）社会责任认证也以人权和劳工权利作为基础。追根溯源，所有这些方法都以1948年联合国大会通过的《世界人权宣言》和其他国际人权、劳工权利和环境保护宣言为基础。

4.4.3 可持续发展

在西方，可持续发展的基本思想已经存在了几个世纪。早在17世纪的德国，为了保证能够对森林进行可持续砍伐，就通过立法对砍伐行为进行约束。但直到20世纪80年代，可持续发展的概念才开始出现，其目的是探讨发展与环境之间的关系。1987年，世界环境与发展委员会（联合国）发表一份名为《我们共同的未来》（*Our Common Future*），即《布鲁特兰报告》（*Brundtland Report*），将可持续发展定义为"既满足当代人的需要又不损害后代人满足其需要和愿望的能力的发展"，该界定之后被广泛引用。目前关于可持续发展的定义有100多个（Holmberg and Sandbrook，1992），其中最常用的是《布鲁特兰报告》（WCED，1987）中的定义。在报告中，可持续发展是指力求在不损害满足后代满足其自身需要的能力的情况下满足目前的需要（世界环境与发展委员会，1987），即可持续发展是"一个变化的过程，在这个过程中，资源的开发、投资的方向、技术发展的方向和体制的变化符合未来和目前的需要"。在报告中，可持续发展只包含环境因素，随着该理念的不断扩大与发展，可持续发展的内涵与外延得到不断扩充，与发展不可分割的社会因素等都被纳入进来，但报告并没有详细阐述人类需求和欲望的概念（Redclift，1987），对后代的关注在其运作上存在问题。根据世界可持续发展商业理事会（2000）的报告，可持续发展需要综合考虑社会、环境和经济因素，才能做出长期的平衡判断。

可持续发展是一个以价值为基础的概念。虽然可持续发展具有一定的宏观特征，但它的实现需要所有公司参与并作出相应的贡献。当公司必须制定流程和实施策略来应对公司可持续发展的共同挑战时，问题就出现了。Wheeler等（2003）提出，可持续发展是"一种企业和社会共同不断奋斗努力创造价值的理念，与社会环境和经济维度协调发展相一致"。在微观层面，Van Marrewijk和Werre（2003）提出，企业可持续发展是一个定制的过程，每个组织都应该制定和选择适合自己的可持续发展目标和方案，该方案应符合本组织的目标和意图，并与本组织的战略保持一致，作为对本组织所处环境的一种反应机制。

2006年，标准普尔公司在可持续发展报告调查中注意到，公司治理方法的覆盖面有所增加，但董事会层面的可持续发展一体化报告却没有相应增加。他们特别指出，虽然许多报告记录了董事会的作用、成员和结构，但围绕董事会对可持续性问题的问责制的讨论是有限的。他们列出了在"治理和战略"方面表现出色的7家公司，分别是包括英美铂业（Anglo Platinum）、英国电信（BT）、福特（Ford）、葛兰素史克（GSK）、莱利银行（Ned bank）、耐克（Nike）和荷兰合作银行（Rabo Bank）。他们的研究表明，可持续思维不仅被纳入领先公司的报告，还渗透到董事会、品牌和商业模式中。他们预测，在未来的可持续发展报告中，随着企业社会责任问题对企业成功变得越来越重要，报告的重点将集中在董事会、首席执行官和金融市场的角色上。

国际可持续发展研究所（IISD）在可持续发展的范畴内对社会责任进行了

阐释。"社会"指的是社会及其所有组成部分，以及它们经常相互竞争的关注点和优先事项。据此，社会责任从三个方面对可持续发展做出贡献：经济增长、社会发展和环境保护。

Baker（2008）认为，企业社会责任是关于企业如何管理业务流程，从而对社会产生全面的积极影响，公司需要对其运营的两个方面负责：（1）管理质量，包括人员和过程；（2）在各个领域对社会影响的性质和数量。

"可持续性"一词的含义也在不断扩大，最初与环境和生态可持续性联系在一起，后来被企业采用，以解释是什么让企业能够随着时间的推移而持续，更广泛的甚至包括可持续的先决条件。一个可持续发展的公司是为股东创造利润的同时保护环境和改善人的生活，并使其商业利益和社会利益的环境相协调。

Muller – Christ 和 Hulsmann 提出了对可持续发展的三种解释：基于创新的解释、规范的解释和理性的解释（Muller – Christ and Huilsmann，2003）。

除了试图协调经济增长与环境维护之间的关系外，布伦特兰的可持续发展还着重在社会公平、公平分配和利用资源的框架内实现社会正义和人类发展。正如 Redclift（1987）所提出的，对可持续性的理解千差万别。尽管可持续发展理论有时强调社会正义的首要地位，但这种地位往往被颠倒过来，正义看作是服从可持续发展的，因为可持续性和社会正义都没有决定性的意义。可持续性"和"可持续性发展"这两个术语在学术和大众的讨论中都可以互换使用，这一概念是通过"将其置于通过特定的生态项目来维持特定的社会关系的背景下"来推广的（Harvey，1996）。因此，关于资源短缺、生物多样性、人口和生态极限的辩论实际上是关于"保护特定社会秩序的辩论，而不是关于保护自然本身的辩论"（Harvey，1996）。

当前，可持续发展所面临的挑战是寻找新技术和扩大市场在分配环境资源方面的作用，并假定对自然环境定价是保护它的唯一办法（Beder，1994）。可持续发展不是重塑市场和生产以适应自然过程，而是利用市场和资本主义积累来决定自然的未来（Shiva，1991）。

Pearce 等（1989）强调"自然资本存量的稳定性"是可持续发展的必要条件。他们认为，自然资源存量的变化应该是"非负的"和人造资本（按照传统经济学和会计方法衡量的产品和服务，也称产品资本），不应该以牺牲自然资本（包括可再生和不可再生的自然资源）为代价来创造。因此，必须在不消耗资源的情况下创造增长或财富。具体如何做到这一点仍然是个谜。大多数关于可持续发展的文献都带有这种"生态现代主义"的倾向，并探讨了将布伦特兰概念付诸实践的方法。因此，"可持续成本""自然资本"和"可持续资本"等概念被开发出来，并被吹捧为范式转变的证据（Bebbington and Gray, 1993）。人们对资本、收入和增长等传统概念继续为这种"新"范式提供信息的认识有限。不加批判地接受目前的市场制度也是有问题的：虽然市场确实是有效的定价机制，但它们无法反映真实的成本，例如成熟的热带雨林的替代成本和烟草和酒精消费的社会成本（Hawken, 1995）。

许多大型跨国公司制定了环境和社会责任政策，以回应20世纪60年代和70年代出现的对工业化的广泛批评。公众对环境问题的认识和环境立法的增加是环境成为企业重要问题的两个关键原因，这导致企业需要"环保主义推销"，以便被认为是绿色的（Newton and Harte, 1997）。Newton 和 Harte（1997）认为，企业也把自己涂成绿色，以避免监管控制：可持续发展商业委员会（Business Council for Sustainable Development）倡导的可持续发展愿景的目标之一，就是"通过自愿行为，而不是胁迫，来维持企业自由"（Maintain Entrepreneurial Freedom Through Voluntary Initiatives Rather Than Regulatory Coercion）。

可持续发展是"既满足当代人的需要，又不对后代人满足其需要的能力构成危害的发展"（世界环境与发展委员会编、王之佳等译，1997）。可持续发展是对传统的以经济增长为单一衡量指标的发展观的一种扬弃，它并非排斥经济的发展，而是主张经济、社会、生态的和谐发展，反对把经济发展看作一个孤立的过程，反对以资源的掠夺性开发和转嫁生态危机的方式来发展经济（任运河，2004）。

可持续发展将企业生态化与企业的可持续经营和人类社会的可持续发展联系起来，认为企业生态化是一种能辨识、预期及符合消费者与社会需求，并可带来利润及可持续经营的管理过程（中国科学院可持续发展战略研究组，2004）。根据可持续发展观，企业不再与生态对立，而是与生态形成统一的整体。企业履行相应的生态责任，对于环境保护、生态平衡有着重要的意义，同时也为自己的发展提供了有利的自然条件；同时，履行生态责任可以有效地提高企业的声誉，对企业的无形资产价值提高、企业战略的实施有着积极的影响。

4.4.4 公共利益方法（The Common Good Approach）

公共利益方法是从社会的共同利益角度出发，探讨企业社会责任的价值。"共同利益"一词具有悠久的哲学渊源，Antonio Argandoña（1998）认为它是"社会生活的整体条件，让不同的群体及其成员更充分、更容易地实现自己的完美"。公共利益是一个植根于亚里士多德传统的经典概念（Smith，1999）。在自然法传统中，共同利益是建立在人类渴望善的观念之上的。在中世纪的经院哲学中，发达的哲学和天主教社会思想被假定为商业伦理的重要参考（Alford and Naughton，2002）。这种方法认为，企业和社会上的任何其他社会团体或个人一样，作为社会的一部分，必须为公共利益作出贡献。任何社会的共同利益都是由该社会成员建立的，也是在这个社会中实现的，并由社会成员共享。人类的欲望是多样化的，人类的发展是在组织环境中进行的，在这种环境中，个人的利益被认为与社区的利益有着内在的联系。因为，人类要生存，就需要通过组织生产来实现，并通过管理技术提高效率和生产力。其次，作为社会人，人类需要通过公平分配利益和负担、参与贡献社会等来表达对共同体的美好愿望。最后，成功的组织能够通过创造条件使各种欲望得以整合，并通过实践智慧使组织朝着人类发展的方向有序迈进。

企业既不应有害于社会，也不应寄生于社会，而应纯粹是社会福祉的积极贡献者。企业可以通过创造财富，公平有效地提供商品和服务，尊重个体的尊严和人权等方式为公共利益作出贡献。无论过去、现在还是未来，企业都应该在公正、和平和友好的条件下为社会福利和社会和谐作出贡献。公司的公共利益目标在于创造条件使其成员能够实现他们的个人目标。然而，这种公共利益本身就是一种利益：它是公司的目标，因此可以与公司成员的目标区分开来。与利益相关者方法以及可持续发展方法相比，公共利益方法在一定程度上与前者有很多共性。但由于与前者的哲学基础不同，公共利益方法中基于人性及其内涵的解释就显得尤为可靠。在一定程度上，这种方法与利益相关者方法（Argandona，1998）和可持续发展有很多共同之处，但哲学基础不同。虽然有几种理解共同利益概念的方法（Sulmasy，2001），但基于人性及其内涵的解释在我们看来尤其令人信服。共同利益提供了一个框架，在这个框架中，共同利益并不是为管理人员提供一个微观蓝图，而是指导组织活动朝向人类发展的方向或道德指针。

总之，根据相关理论与研究的发展不难发现，企业社会责任是在动态发展中的，而且其内涵的广度和深度都在不断深化，而且企业社会责任的边界具有模糊性。

第 5 章

企业社会责任治理价值研究

亚当·斯密（Adam Smith）曾提及，"我们所期待的晚餐，不是源于屠夫、酿酒商或面包师的仁慈，而是源于他们对个人利益的追求（It is not from the benevolence of the butcher, the brewer, or the baker that we expect our dinner, but from their regard to their own interest）"。这句话很好地诠释了企业对价值最大化的追求。如果企业仅仅追求利润，同时也能满足消费者的需求，那么履行社会责任的价值何在呢？

追本溯源，企业社会责任存在的意义，源于企业与社会的冲突。当私人—社会成本与收益相同时，竞争性市场是强大且有效的。在这种情况下，对企业最有利的行为也对社会最有利。一般来说，企业与社会之间的差异可以追溯到两个来源——要么是私人—社会成本与效益之间的差异，要么是对公平的不同看法。

例如，环境问题就是典型的因私人—社会成本效益差异而产生的。全球变暖、酸雨和城市污染等都是社会成本超过了私人成本，并由此导致企业与社会之间的冲突。森林砍伐也是造成环境冲突的另一个来源，同样是由成本和收益的差异造成的。对土地所有者来说，森林通常只具有木材和农田的经济价值，而对社会来说，森林的经济价值在于其具有休闲价值、生存价值、生物多样性支持价值和碳封存价值。因此，环境保护的社会效益超过了私人部门，社会希望能对环境实现更高水平的保护，而不是让企业从中获利。

企业社会责任的价值就在于，当私人—社会成本存在差异的情况下，企业社会责任的履行可以实现差异的减少或补偿。例如，1997 年，英国石油公司认可 IPCC 的科学预测，以及其对减少温室气体排放的适宜性所提出的质疑。英国石油公司在全公司范围内限制温室气体排放，并开始建立企业排放交易体系。排放量已经大大提前减少，英国石油公司声称，这不仅没有成本，实际上还增加了大约 6 亿美元的净收入。从经济学的角度看，英国石油公司承认其运营成本（私人成本）低于其社会成本，并采取措施使两者协调一致。英国石油公司通过积极采取行动，有效地避免了与社会在环境问题上可能发生的冲突，降低了因这些冲突造成的声誉损失所带来的风险，并降低了资本成本。将私人成本与社会成本保持一致可以有效地帮助企业避免可能的环境冲突甚至获利。亨氏（Heinz）公司在捕捞金枪鱼时常常会捕杀海豚，结果会导致捕捞金枪鱼的社会成本超过私人成本，而亨氏公司则要为此负责。后来，因为西太平洋的海豚要比东太平洋少得多，亨氏公司改为在西太平洋捕捞金枪鱼。虽然亨氏公司增加了成本，但却因保护海豚提升了自己的品牌，不但避免了一场可能代价高昂的对抗，还赢得了环保人士和政界的掌声。

在私人成本和社会成本差异导致市场"失灵"的情况下，企业社会责任具有资源分配的作用。在私人成本和社会成本大致相当的领域，企业社会责任的资源分配作用并不明显。但在私人成本和社会成本差异较大的行业，企业社会责任就会发挥作用、产生社会效益。很明显，企业社会责任可以成为企业战略的盈利要素，增加消费者和供应商之间的知名度，提高员工士气和生产力，降低研发和广告成本，消除监管障碍，旨在进行风险管理，维护对长期盈利能力。

5.1 战略性企业社会责任（Strategic CSR，SCSR）

目前，社会在一定程度上往往会根据公司的社会责任状况对其进行评价。迫于利益相关者的压力，企业社会责任正转向企业战略责任，即企业在其社会责任行动中进行战略投资。战略性企业社会责任，即 SCSR，已经成为企业战略和运营中不可分割的重要组成部分。新的欧盟企业社会责任战略认为，"要提高企业竞争力，企业社会责任的战略方针日益重要。这可以在风险管理、节约成本、获得资金、客户关系、人力资源、资源管理和创新能力等方面带来好处。①"

许多公司曾尝试通过做大量的工作来改善其对社会和环境带来的负面影响，但效果甚微。究其原因，发现企业在以下两个方面存在问题：（1）因为企业往往在追究目标最大化的同时将企业与社会视为对立面，而两者在本质上应该是相互依存的关系；（2）大部分企业并未将社会责任提高到企业战略的高度，并从战略的角度实施行为。

因此，企业社会责任必须被"锚定"，并完全融入企业的战略，以有效地为企业竞争力创造积极的影响。Porter 和 Kramer（2011）认为企业"可以通过创造社会价值来创造经济价值"，暗示了适当的社会责任作为一种竞争优势的重要性。

作为企业战略的"新"要素之一，企业社会责任在这个竞争日益激烈的市场中，是社会所期望的一种责任。自 McWilliams 和 Siegel（2001）首次提出企业社会责任的"企业理论"视角以来，战略性企业社会责任的经济理论不断发展。企业社会责任将那些以社会福利进步为主要目标的管理理念、政策、程序和行动视为其主要目标的重要组成（Boone and Kurtz，1987）。这些责任的履行不仅是为了公司的利益，也是为了整个社会的利益。这意味着，组织的存在本身就可以被看作签订了一项社会契约，该契约要求企业在决策时考虑到社会的利益，公司有义务采取行动"保护和改善整个社会的福利和组织的利益"（Davis and Blomstrom，1975）。战略性的"慈善"和企业捐赠被视为很可能成为竞争优势来源的支出。Porter 和 Kramer（2011）认为企业"可以通过创造社会价值来创造经济价值"，再次暗示了适当的社会责任作为一种竞争优势的重要性。

Burke 和 Logsdon（1996）确定了战略企业社会责任的五个维度，并被视为实现商业目标和价值创造的关键：

第一，中心性，代表企业社会责任与企业使命和目标的紧密程度或契合程度；

---

① For business competivity, a strategic approach to CSR is increasingly important. This can bring benefits regarding risk management, cost savings, access to capital, customer relations, human resources management and innovation capacity.

第二,专用性,表示为企业获取特定利益的能力;

第三,主动性,即能够根据社会趋势制定政策;

第四,自愿主义,解释为不受外部合规要求影响的自主决策过程;

第五,可见性,即内部和外部利益相关者可观察和可识别的企业社会责任的相关性。

Burke 和 Logsdon(1996)认为,通过这五个维度实施战略企业社会责任将转化为价值创造的战略成果,这种价值创造可以被识别和衡量,但仅限于为企业带来经济效益。

战略性企业社会责任的目标是:在创造切实可行的商业利益的同时,实现财务上的自给自足,减少因股东财富浪费而引发的不满。在制定和实施企业社会责任以应对经济和社会全球化出现的问题中,所有企业都是被动的。所有的公司都是通过他们的管理者,对他们所目睹的事件、想法或经历做出反应。自资本主义开始以来,公司一直在寻求更负责任的经营方式,其涉及领域扩展到环境资源的利用和公司与自然系统的关系。企业责任从来没有像现在这样受到如此多的关注,现在它已经成为一个战略问题。研究表明,企业社会责任作为一项社会运动和企业实践,是企业将企业战略与其社会地位复杂融合的过程。企业社会责任是一个需要整个组织关注的战略和运营问题,是创新的动力和变革的力量。它将资本所有者、高级管理人员和所有其他雇员聚集在一起,以寻求与他们所属的经济、社会和环境系统中的其他人建立高质量的关系,企业社会责任的最终挑战是在确保盈利的同时培育这种关系。

企业社会责任通过采用一种不同于竞争对手的方式运作,达到降低成本及满足客户特定需求的目的。通过由内而外和由外而内的两个方面的协同工作,促成企业社会责任实现了价值的共享。根据资源基础理论(Resource – Based View,RBV),如果组织资源和能力是有价值的、罕见的、不可模仿的、不可替代的,那么它们将形成组织竞争优势的来源(Barney,1991)。McWilliams 和 Siegel(2001)利用 RBV 框架构建了企业社会责任"利润最大化"的形式化模型。他们的模型假设有两家公司生产相同的产品,只是其中一家公司为产品提供了额外的"社会"属性或特性。一些消费者重视这种社会属性,其他利益相关者也是如此。该模型还假设管理者进行成本/收益分析,以确定用于企业社会责任活动/属性的资源级别。因此，他们将企业社会责任作为产品、业务和公司层面的创新战略的一部分。

企业社会责任能力的集团化是一个战略过程。之所以称其为战略性的，是因为个人的行动必须以特定的组织价值观为基础，并转化为集体行动。这是一个过程，学会负责是所有个人和集体行动的核心，而这种学习（作为一个过程）由一系列复杂的活动组成。内部和外部利益相关者将积极或消极地评价这些活动，这取决于与利益相关者讨论企业社会责任政策的出发点的方式、如何将其集成到实际行为中、结果以及这些结果是否对利益相关者透明。这样，涉众的评价和相关反应就与组织中正在发生的过程交织在一起。

学会承担社会责任也是一个需要根本性组织变革的战略过程。它需要一种超越组织边界的意愿，以便建立新的关系，警惕可能存在于生产和消费链之外的新问题，设计新战略并将其部署到日常业务中。虽然企业社会责任所需的能力最终是建立在个人行为的基础上的，但学习过程需要集体能力，因为：

（1）企业社会责任植根于特定的组织身份。

（2）为了变得更负责任，组织单位必须合作。

（3）个人必须意识到他们的行为构成了组织行为。

（4）企业责任要求组织作为一个集体实体，愿意承担企业责任。

企业社会责任的战略功能可以帮助公司实现对商业利益的追求。履行社会责任，就是要成为优秀的企业公民，与利益相关者与时俱进，尽可能承担好相应的责任，以减少可能带来的负面影响。

正是通过战略企业社会责任，公司将产生最重大的社会影响，并获得最大的商业利益。首先，响应企业社会责任。响应性企业社会责任就意味着，首先要成为一个良好的企业公民，适应利益相关者不断变化的社会关注，以及减轻商业活动现有或预期的负面影响。良好的公民素质是企业社会责任的必要条件，企业必须做好这一点。其次，尽可能在生产运营中减轻企业价值链活动带来的危害。由于每一个业务单元都会对价值链产生影响，因此许多公司都通过采用标准化的社会和环境风险清单对企业社会责任履行进行评价。在《全球报告倡议》中，141项企业社会责任问题被列举出来，同时也对不同行业的辅助清单进行了补充。

维基百科指出，管理风险是许多企业战略的核心部分；花费数十年时间建立起来的企业声誉，可能会在数小时内因腐败丑闻、环境事故或不履行社会责任等事件毁于一旦。这些事件还可能引起监管机构、法院、政府和媒体的关注。因此，在公司内部建立一种正确行事的文化可以抵消这些风险。履行企业社会责任需要重新定位公司的视角、重新审视组织的核心，以便形成新的关系、定义新的价值和制定新的战略。

根据企业社会责任的战略观点，股东认为，他们对企业资产的长期财务主张是由企业社会责任活动增强的。Jensen（2001）认为，虽然价值最大化应该是企业的首要目标，但企业社会责任不应该被视为实现这一目标的障碍，因为它可能是实现股东财富最大化的一种方式。Allen等（2014）提出以股东或利益相关者为导向的公司治理安排会影响其在产品市场上的竞争行为和结果，进而影响其价值。他们的模型预测，在行业成本结构存在不确定性的情况下，利益相关者导向的公司比股东导向的公司表现得更好。

Eccles和Serafeim（2013）认为企业社会责任的战略重要性是一个动态过程。特别是，他们认为，如果企业内部的新产品、商业模式或流程出现足够多的创新，良好的企业社会责任实践才能长期生存（Eccles and Serafeim, 2013）。对他们来说，为了有效地应对即将到来的挑战并实施可持续的商业战略，量化每一个企业社会责任维度的重要性是至关重要的。

还有学者对企业社会责任需求的概念进行拓展，以便帮助制定企业社会责任战略并保持竞争优势。一些经济学家，如Bagnoli和Watts（2003）、Besley和Gathak（2007）、Kotchen（2006）等都认为企业社会责任是企业对当地公共产品（如社交网络、社区发展）或减少公共产品（如污染）的私人提供。公共产品的私人提供这一概念是战略社会责任文献的重要延伸。McWilliams, Van Fleet和Cory（2002）对RBV进行了延伸，认为企业可以将政治影响力与企业社会责任战略捆绑在一起，以提高监管壁垒，阻止外国竞争对手使用替代技术。

Chandler和Werther（2013）将SCSR定义为："将企业社会责任的整体视角纳入企业的战略规划和核心运营中，从而使企业在管理中符合广泛的利益相关者的利益，从而在中长期内实现最大的经济和社会价值"，特别强调要"将企业社会责任的整体视角纳入企业的战略规划和核心运营中,从而使企业在中、长期管理中为利益相关者利益最大化"(Chandler,2016)。Chandler(2016)认为SCSR具体包括五个主要的组成部分:

第一,将企业社会责任的观点完全融入公司的战略规划过程和企业文化;

第二,认识到公司的一切行动都与核心业务直接相关;

第三,公司试图理解并响应其利益相关者的需求,这意味着整合利益相关者的视角是一种战略需要;

第四,公司从一个短期的角度过渡到一个中期和长期的规划和管理过程,包括公司的主要利益相关者;

第五,企业的目标是优化所创造的价值。

5.2 声誉提升

声誉是企业的一个普遍属性,反映了"股东认为企业'好'或'不坏'的程度"(Roberts and Dowling,2002)。企业声誉是一个至关重要的无形资源,有助于公司的竞争优势,因此,好的声誉就意味着公司受到高度尊重或好评(Weiss et al.,1999)。

声誉是"外部人员对组织是什么、组织在多大程度上履行其承诺并符合利益相关者的期望,以及组织的整体绩效如何有效地与其社会政治环境相适应的评估"[①](Brown and Logsdon,1999)。Weiss等(1999)将公司声誉定义为"一个组织受到高度尊重或尊重程度的全球认知"。Fombrun和Shanley(1990)认为,声誉是信息的聚合,形成集体判断,并在组织领域中形成企业声誉秩序"。这一定义首先包含了声誉的"全球感知"或一维方面,尽管一个组织在其活动的不同方面会有不同的子声誉(例如,营利能力,或其产品或服务的质量),观察员往往会对该组织的声誉进行净评估。净评估可包括工具性和规范性问题。因此,尽管不同的利益相关者可能对一个组织的声誉持有不同的看

---

① Outsiders' assessments about what the organization is, how well it meets its commitments and conforms to stakeholders' expectations, and how effectively its overall performance fits with its socio‐political environment.

法，但他们仍然是"一个整体"。

公司声誉或品牌创造的资产很容易受到损害，甚至失去。对于那些品牌价值取决于公司声誉的公司来说，情况尤其如此。声誉是建立在诸如信任、可靠性、质量、一致性、信誉、关系和透明度等无形资产以及诸如人力、多样性和环境投资等有形资产之上的。企业参与或不参与企业社会责任活动的决定会增强或破坏企业声誉，因此，有效履行社会责任是企业建立良好声誉的重要手段。Bhattacharya 和 Sen（2003）提出企业社会责任可以"建立一个商誉库，让企业在危机时期可以利用"。同样，Mc Williams 和 Siegel（2001）报告提出，企业社会责任"创造了一个企业可靠和诚实的声誉"。可见，具有独特道德价值和精心设计的福利项目的组织能够有效地赢得市场竞争——消费者倾向于向那些在运营中保持诚信、良好治理和最佳实践的企业保证忠诚。

公司声誉是"公司过去行为和结果的集中表现，描述了公司向多个利益相关者交付有价值成果的能力"（Gardberg and Fombrun，2002），它包含不同的维度，如产品质量、创新、投资价值、人员管理和企业社会责任。声誉会降低企业社会责任沟通的有效性，因为声誉往往是一个预先存在的模式，利益相关者依赖于这个模式来解释关于企业的模糊信息（Fombrun and Shanley，1990）。

早期的声誉，源于企业经营许可的追求。经营许可的概念源于这样一个事实，即每个公司都需要政府、企业和众多其他利益相关者的默许或明确许可才能开展业务。因此，许多公司积极履行社会责任是因为，社会责任对于改善公司形象，增强品牌，鼓舞士气，甚至提高股价有着积极的意义。

企业社会责任虽然与产品和服务无直接关系，但它确实对公众购买行为、投资决策和在该公司的就业意愿产生直接影响，而这些都会直接影响企业的声誉。

贝莱德（Blackrock）董事长兼首席执行官拉里·芬克（Larry Fink）在一封致 CEO 的题为《使命感》（A Sense of Purpose）的公开信中，向同事们提供了公司长期增长的建议：

"社会要求公共和私人公司都要为社会服务。随着时间的推移，要想繁荣昌盛，每家公司不仅必须提供财务业绩，而且必须表明它对社会做出了积极的贡献。"①

对于企业而言，失去声誉会对公司财务具有极强的破坏性。而好的声誉，可以在经济上有所回报、吸引更多人才，销售更多产品并获得更高的股价估值。声誉能带来战略上的优势。在以消费者为导向的公司，为了获得声誉优势，往往会高调地进行公益营销活动。而在化工、能源等易造成环境污染、生态破坏的行业，企业则可能会通过履行社会责任方式，提高社会声誉，希望能在出现危机时缓和公众的批评和不满。

组织很可能在不同的利益相关者群体中有不同的声誉（Bromley，2000）。利益相关者用来判断组织声誉的评估标准将根据特定利益相关者对组织角色的期望而有所不同。例如，消费者可能期望公司提供高质量的产品，投资者可能期望他们的投资获得高回报，而环境组织可能期望可持续的环境实践。因此，组织在每个利益相关者组中会有不同的声誉，并且可能在每个利益相关者组成员中也会有不同的声誉，因为每个成员的期望不同。此外，利益相关者对组织行为的期望是动态的，因此很可能随着时间而改变，随着组织声誉的提高，利益相关者的期望也会提高。

5.3

竞争力提升

在竞争激烈的市场中，企业都在努力寻找一种独特的销售方式，将自己与消费者心目中的竞争对手区分开来。企业社会责任通过建立可以独特的道德价值观获得客户的青睐。"客户社会责任"的出现，促使企业开始不断拓展社会责任的领域。企业社会责任同样可以通过品牌差异化获得竞争优势。对许多现代企业来说，品牌是一个难以估量却至关重要的概念。由于竞争激烈，现有产品在技术上的差异又很小，产品的"口碑"或形象可能对客户的消费行为至关重要。消费者对企业社会责任的立场是敏感的，其购买行为会受到企业社会责任履行状况的影响。消费者会歧视那些不负责任的企业，拒绝购买其产品，

---

① Society is demanding that companies, both public and private, serve a social purpose. To prosper over time, every company must not only deliver financial performance, but also show it makes a positive contribution to society.

青睐社会责任口碑较好的企业产品。可见，企业社会责任政策是可以通过消费者行为影响企业品牌价值。

广义上说，竞争环境涉及四个方面：可投入的人力资源的数量和质量，参与竞争的规则和激励措施，地方需求的规模和复杂程度，服务提供者和配套产业在当地的可得性。

企业与社会的相互依存关系可以用分析竞争地位和制定战略的相同工具来衡量。通过这种方式，企业可以将其特定的企业社会责任活动集中到最佳效果。企业可以制定一个积极的企业社会责任议程，为企业创造最大的社会效益和收益，而不是仅仅依靠员工的主观能动性或对外界压力的反应。

早在1990年，Michael E. Porter 就由外向内深入分析了社会维度对竞争力的影响，研究了有效的企业社会责任如何在竞争环境中，通过社会维度"由外向内"影响其提高生产力和执行战略的能力。例如，图 5-1 显示了公司的地理位置（如交通基础设施和严格执行监管政策）对其竞争力的影响。

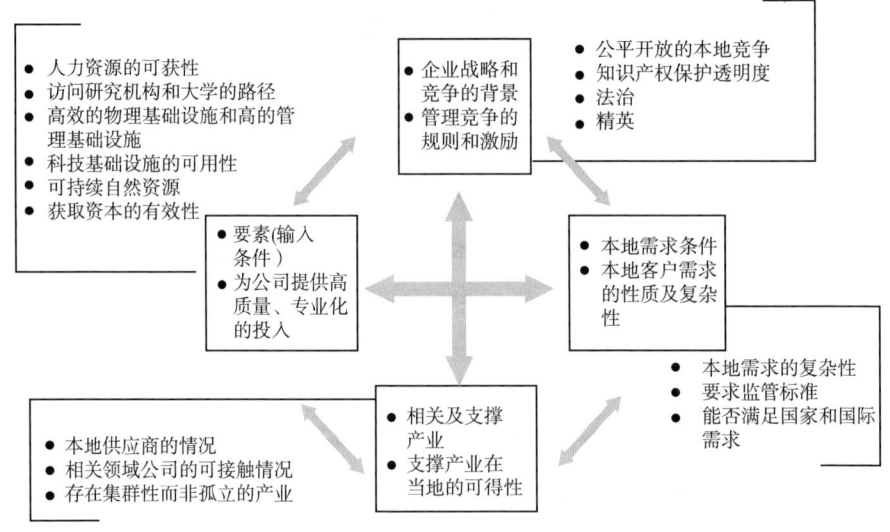

图 5-1 社会维度对竞争力的影响

资料来源：Michael E. Porter, The Competitive Advantage of Nations, 1990.

5.4 企业价值创造

企业社会责任实践发现，减少与利益相关者的冲突可以提高企业价值。大多数文献都支持这一观点。现有研究认为，企业社会责任的重要贡献，就在于其可以避免或减少冲突。一般来说，企业履行社会责任对企业的价值创造包括：

（1）降低风险；

（2）减少浪费；

（3）改善与监管机构的关系；

（4）创造品牌价值；

（5）改善人际关系，提高员工工作效率；

（6）降低资本成本。

坚持企业社会责任对组织到底有什么好处呢？Carroll 和 Shabana（2010）通过研究，得出了以下结论：

（1）企业履行社会责任有助于避免过度剥削劳动力、贿赂和腐败；

（2）公司会知道社会对他们的期望，同时促进形成公平的竞争环境；

（3）企业履行社会责任行为可以为企业带来竞争优势（在声誉、人力资源、品牌和法律等方面实现），这有助于提高营利能力、增长和可持续性；

（4）可以帮助纠正公司和员工之间的平衡；

（5）不履行社会责任的企业将很难生存；

（6）随着企业着手解决世界各地发展不足的关键问题，社区将从中受益。

特别是当企业在面临巨大风险时，企业往往会通过采用企业社会责任战术来降低其风险。当企业与环境和所在社区能和平相处时，潜在冲突造成的浪费就会被消除，企业也就有了正确的心态，会专注于如何为众多利益相关者（尤其是股东）创造价值。可见，避免或减少冲突确实是企业社会责任的主要贡献。Geoffrey Heal 在他的著作《企业社会责任——一个经济和金融框架》中就总结出履行企业社会责任的价值，即：

(1) 降低公司的风险；

(2) 减少浪费；

(3) 改善与监管机构的关系；

(4) 创造品牌价值；

(5) 改善人际关系和员工生产力；

(6) 降低资本成本。

杰弗里·赫尔（Geoffrey Heal）在《企业社会责任——一个经济和金融框架》的研究中断言，企业如果不好好履行社会责任，会导致声誉和商誉的丧失，从而付出沉重代价。这就意味着，把企业社会责任作为企业战略的一部分，制定好实施企业社会责任战略的方案，可以有效地推进企业社会责任战略的实施，企业就会享有较高的声誉，并积累较高的声誉资产。Heal还指出，企业社会责任可能通过其被称为社会责任投资（SRI）影响，降低企业的资本成本。SRI意味着，企业的社会责任政策与其在资本市场中的地位可能存在关联。从长远来看，企业社会责任可以通过"降低风险、减少浪费、改善与监管机构的关系、创造品牌价值、改善人际关系和员工生产率，以及降低资本成本"来提高利润。

Laura Poddi和Sergio Vergalli（2009）在《企业社会责任是否影响企业绩效》的研究中也发现，企业社会责任履行好的企业，道德水平也高，长期绩效也越好。而且，尽管这些公司可能在初期因履行社会责任承担一些初始成本，但他们仍然能够因较好的声誉获得较高的销售额和利润，实现了长期成本的降低。由于绿色消费者对其产品的需求减少，政府对不符合污染标准的处罚增加，以及对受害者的赔偿，可能会导致利润损失。在这种情况下，公司的股票可能会在资本市场上贬值，而一个公司良好的环境表现可能会导致其股票价值上升。

Porter（1985）通过价值链对其价值由内而外进行了阐释。价值链描述了一家公司在经营过程中所从事的所有活动。它可以作为一个框架来确定这些活动的积极的社会影响。这些"由内而外"的联系可能从雇用和裁员政策到温室气体排放，如图5-2所示。

第 5 章　企业社会责任治理价值研究

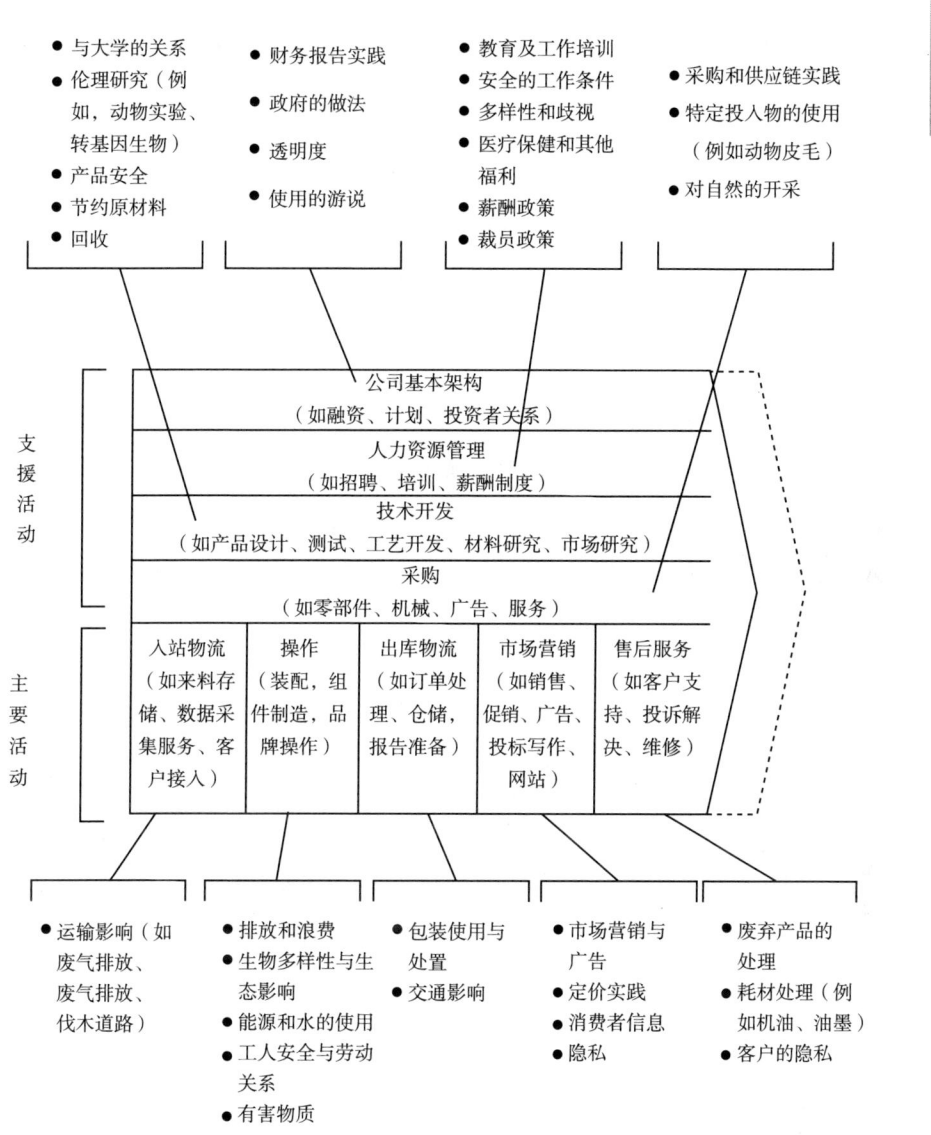

图 5-2　价值链的社会影响

资料来源：Michael E. Porter, Competitive Advantage: Creating and Sustaining Superior Performance, 1985.

第 6 章

董事会治理

企业社会责任问题会对公司业绩带来重大风险和机遇。董事会已经认识到，有效管理社会和环境风险可以改善业务绩效。这种认识导致董事会开始加强公司对社会责任管理和环境绩效的监督。对社会和环境风险管理以及企业社会责任绩效的监督已经被纳入董事会治理，以确保长期股东和利益相关者的利益得到保护和促进。

6.1 董事会治理理论分析

虽然有人强烈认为，公司董事会应考虑利益相关者的利益，但大家认识到，目前在这方面的做法是有限的。董事会职权范围内的共同利益相关者主要包括员工、客户、供应商和当地社区。其他利益相关者包括债权人、政府、环境、媒体以及企业的一般长期和短期利益。董事会有责任对利益相关者负责，因此，董事会应该定期发布企业责任报告，这是公司履行责任的重要手段。同时，学者也建议增加与利益相关者及其代表进行对话和协商，作为另一种问责形式。关注利益相关者都有助于创造财富，值得董事会和高管层的关注，以确保公司的长期成功。否则，会提高风险，忽视机会，破坏任何对公司领导能力、产品和服务的信任。

根据团队生产理论（TPM），公司由许多"共同和不可分割地为其创造财富的能力做出贡献"的各方组成。除了提供资本的股东外，还有提供人力资本的员工；提供技术诀窍的供应商；信任本组织产品和服务的消费者；提供基础设施和环境资产（水、空气和土地）的社区；提供一个稳定的法律框架，使公司能够在合理的规则和程序内运作的政府；等等。这意味着，如果上述所有利益相关者都为公司做出了奉献，并承担其中的风险，那么每个人都应该在公司治理中获得与其相应的发言权。股东不是唯一的资产提供者，也不是唯一的风险承担者。

布莱尔和斯托特认为，公司董事会这种"令人费解的安排"可以被理解为解决团队生产问题的一种方法。也就是说，上市公司是"由股东、经理、员工和其他希望从团队生产中获利的人投资的特定于团队的资产的连接"。如果团队成员之间不能就如何分配团队生产的收益轻易达成协议，他们就同意将决策权和对公司资产的控制权留给董事会。因此，根据布莱尔和斯托特的说法，公司作为一个法人实体拥有资产，而董事会则作为整个公司的"中介层级"或受托人。这种中介层次结构鼓励团队成员对企业进行特定的投资，并有助于减少团队成员自行分配盈余时可能出现的逃避和机会主义行为。董事会在其选择、组成和决策过程中应向这些多方负责，即利益相关者治理。

根据最优契约假设（the optimal contracting hypothesis），董事会作为股东忠诚的代理人，与股东保持一定的距离，通过积极监控高管并以最佳的激励和责任分配高管，从而将代理成本降至最低，公司价值最大化。

企业社会责任是公司治理的延伸，支持将企业社会责任问题和利益相关者考虑为企业的最大利益，董事在确保企业社会责任体现在企业价值观、战略、风险管理结构、激励计划和信息披露方面发挥着至关重要的作用。当前，董事会对企业社会责任问题的考虑尚处于初级阶段，但未来董事会将有必要更加关注企业社会责任问题。

很多文献都研究了董事会在确定核心价值、原则和企业目标方面所发挥的作用。有学者认为，董事会有责任界定企业社会责任的价值框架，并创造相应的奖励和其他激励措施，以激励企业社会责任的强劲表现。而且，企业社会责任可以帮助企业实现竞争优势最大化，因此企业社会责任的直接和间接价值是董事会不可回避的一个问题。总之，董事会可以决定公司价值和绩效。

但是，企业社会责任绩效无法直接判断，因此董事会难以全面了解企业社会责任的实施效果，这也对企业社会责任治理提出一定的挑战性。董事会监督查明重大社会和环境风险，以及管理这些风险的程序和控制能力；将外部社会和环境报告与内部管理和治理过程联系起来的能力与程度。由于董事会的主要职责是帮助制订政策和战略，进行风险管理和问责，批准重大投资，合并和收购，聘用高级管理人员并确定其薪酬，所以董事会的职责就是将三重底线观点整合到每一种职责中。

此外，风险管理是企业社会责任治理的一个重要考虑因素，并且在未来将变得更加重要。对社会、环境和道德风险的有效管理始于董事会，高级领导层影响员工的决策和行为。现有研究发现，很多公司没有明确规定董事会应对社会、环境和道德问题负责。

英国的伦理投资研究服务（EIRIS）在2005年的一份研究简报中就董事会层面上影响SEE风险管理的几个驱动因素发表了评论。例如，在欧洲，《欧盟会计现代化指令》（*EU Accounts Modernisation Directive*）要求企业在年报中对相关风险和不确定性（包括社会和环境方面）进行分析。在美国，企业风险管理等流程的采用表明，"在一定程度上应对、控制和管理社会、环境和道德风险"。EIRIS断言，这些发展意味着SEE风险管理方法具有广泛的适用性。他们的研究是在上述可持续发展和金融服务管理局合作4年后进行的，分析了董事会和高级管理层如何看待风险和机遇。他们评估董事会的作用及其对SEE事项的审查、董事培训和薪酬激励。与早些时候的研究相反，他们的调查显示，总部位于英国的大公司在接受SEE风险管理的概念方面处于领先地位，并提供了SEE风险管理体系的证据，表明英国公司在最近一段时间已经采取行动弥补了这一差距。根据他们的研究，在全球范围内，来自英国、挪威、瑞士和法国的公司在发展SEE风险管理系统方面取得了最大进展，而大公司在这方面优于小公司。

6.2 董事会治理框架

不同的公司在企业社会责任治理的实践上存在着较强的差异。一些公司采用企业社会责任的理论界定内涵或者作为实践依据，如企业责任理论、企业可持续发展理论和"三重底线"理论等。还有一些公司则倾向于对企业社会责任的每个维度制定专门的方案，如环境管理方案和社区或员工关系方案等。

制订有效的企业社会责任治理框架可以帮助董事会对企业社会责任问题和机遇进行妥善管理实现价值最大化。

现有许多文献都对企业社会责任治理计划的准则进行构建，并提出了董事会可以而且应该采取的一些实践，以实现有效的企业社会责任治理。有人认为，董事会应在其日常业务议程中处理企业社会责任问题，而不是将其作为一项附加内容。一般来说，董事会企业社会责任治理框架包括以下几个方面：

（1）董事会将企业社会责任考虑整合到公司的目标、价值观和政策中，特别需要考虑相关国际准则；

（2）董事会应制订相应的战略、目标以及关键的绩效指标，可通过设立委员会、指定独立董事担任委员会委员等方式进行有效监控，并实现有效治理；

（3）董事会应能够识别对社会、环境和伦理产生的风险以及机遇，并通过一定的程序对其进行控制；

（4）董事会在面对重大的并购或者投资行为时，应将企业社会责任考虑进来；

（5）董事会应积极考虑相关利益者的参与情况，能识别并尽力解决相关利益者的问题；

（6）董事会在进行CEO招聘/继任计划时，应考虑候选人对履行企业社会责任的态度；

（7）董事会应将薪酬与财务和非财务指标挂钩；

（8）董事会在招聘、评估和培训时，应考虑企业社会责任的履行情况；

（9）董事会应建议公司对企业社会责任履行情况进行披露和报告。

（一）设立专门委员会

董事会可以设立以企业社会责任为中心的委员会，扩大董事会关于企业社会责任方面的要求，在企业社会责任战略和监督方面加强董事会领导。

专门委员会要想有效实现董事会治理，就必须遵守相应的道德规范和行为准则的度量标准；对利益相关者有充分的认识，知晓利益相关者的诉求并具备解决可能存在问题的策略；重视声誉和品牌；了解公共政策，知道会对环境和社会目标产生影响的内部政策。

在具体的实践过程中，专门委员会不但要制订还应告知企业责任战略，对实施策略进行有效监控，发布企业社会责任报告并与股东进行积极的沟通。

（二）选择任命熟悉企业社会责任的董事

董事会往往过于单一，背景范围狭窄，缺乏多样性。从具有管理大型组织经验的志愿或公共部门招聘具有企业社会责任（如环境、健康与安全、消费者关系、人力资源）业务经验的董事，可以拓宽董事会的视野。董事在确保企业社会责任体现在企业价值观、战略、风险管理结构、激励计划和披露实践中发挥着至关重要的作用。现有文献及治理实践鼓励企业将企业社会责任问题纳入董事会管理的各个阶段，包括董事会的结构、继任计划、董事任命和董事会评估。此外，公司应该在年度报告中披露这些做法，以确保投资者和其他利益相关者认为，这些做法恰当地解决了非金融问题。企业社会责任是支持受托责任的趋势，所以董事会选择任命具有企业责任专长的董事将是有价值的。

可持续发展和国际领袖商业论坛（IBLF）呼吁董事会在向市场和社会提供可持续价值方面发挥领导作用，这为公司董事在关键的社会和环境问题上加强治理提出了一个更具说服力和远见的理由。在2001年的报告中，他们重新定义了企业在社会中的角色，随着大量的资产转移到了私营部门，企业的角色和责任受到公众和政府的关注。他们假设，如果公司董事会未能在这个问题上发挥领导作用，其他参与者将为他们界定责任的边界。

因此，公司应提供相应支持，具体包括：

（1）对高级管理层进行承诺；

（2）具备可持续发展的战略眼光；

（3）把职能整合到业务流程管理系统；

（4）识别和管理环境以及社会风险；

（5）促进潜在的可持续发展机会；

（6）维护良好的金融秩序；

（7）对投资者进行有效的信息披露。

此外，审计委员会应审查公司的内部控制系统，以确保它们充分识别和管理企业社会责任风险，并评估内部审计程序是否有效地监督公司的标准和价值。

然而，根据管理权力假说，董事会并不总是独立谈判，尤其是当董事会成员隶属于高管，且董事会并非独立于管理层时。社会网络理论认为，随着董事会成员任期的增加，他们与管理层之间的友谊或社会关系会得到发展和巩固，从而使他们变得不那么独立。美国企业董事协会（1996）、机构投资者委员会（1998）和美国参议院（2002）认为，延长董事会的任期对监督管理层来说不是好兆头，因此建议将任期限制作为一种政策处方。

然而，董事任期作为董事会独立性的代表，其解释可能是模棱两可的。另一种理论观点认为，延长董事会任期可能带来好处。管理人才范式假设，随着董事任期的增加，他们积累了相当多的经验和技能。这样的董事更有信心、更有权力，在为股东利益服务的必要时候，更有可能挑战管理层。

在考虑高管薪酬合同时，如果企业社会责任活动是代理成本，"当企业董事会拥有更大的独立性时，对企业社会责任的合同激励不太可能存在。"然而，如果企业社会责任活动使股东价值最大化，董事会独立性越强，就越有可能产生明确与企业社会责任相关的激励措施。

6.3

董事会治理实践

1993 年 7 月，南非董事协会要求退休的南非最高法院法官 Mervyn E. King 担任公司治理委员会主席。他认为这是一个教育南非公众关于自由经济运作的机会，而该委员会的报告将成为南非此类报告的第一份报告。1994 年，第一份关于公司治理的报告《金报告1》（King1）出版。这是南非的第一个公司治理准则。它为上市公司、银行和某些国有企业的董事会和董事制定了行为准则，它不仅包括财务和监管方面，还提倡涉及所有利益相关者的综合方法。《金报告1》的主要原则包括：

（1）董事会的组成和授权，包括非执行董事的角色以及应该组成非执行董事的人员类别的指导；

（2）董事会的任命和执行董事最长任期的指导；

（3）确定和披露执行董事和非执行董事的薪酬；

（4）董事会会议频率；

(5) 平衡的年度报告;

(6) 有效审计的要求;

(7) 肯定行动计划;

(8) 公司的道德准则。

特别需要指出的是,《金报告1》认为董事会的主要企业社会责任职责如下:

(1) 定义公司的目的和价值,并确定与公司的利益相关者;

(2) 制订结合目标、价值观和利益相关者的战略,确保管理层实施该战略;

(3) 实施监控;

(4) 对公司非财务事务进行识别和监控;

(5) 识别关键风险领域,制订关键绩效指标,保证对所有利益相关者负责任。建立一套风险管理及内部控制制度,纳入机制,对于可能影响股东及相关利益者的关键风险进行登记提交;

(6) 与公司的内部和外部沟通公司的战略计划和道德准则,董事会有责任对公司立场作出平衡和可理解的评估并报告给股东,报告应向所有利益相关者强调重大利益及关切的实质性事项;

(7) 董事会必须明确披露相关的社会和环境问题、政策和实践。

可以说,《金报告1》是企业社会责任治理的里程碑,较早超越传统金融和监管方面的公司治理,倡导良好的治理要广泛考虑利益相关者的利益,考虑社会、道德和环境实践。《金报告1》被称为"公司治理中最佳国际惯例的最有效总结"。

加拿大治理顾问马克·沙克特(Mark Schacter)在其著作《董事们需要了解企业社会责任》(*What Directors Need to Know about CSR*)中,记录了一连串企业丑闻给公司董事带来的压力。他指出,最近有一种将董事推向利益相关者领域的趋势,并评论了一种日益增长的观点,即"董事将面临越来越大的压力,要求他们证明自己充分理解利益相关者的利益和企业社会责任问题"。他预测,在未来,董事会将面对来自以下四个方面的压力:

(1) 公司面临越来越大的压力,要求股东在公司治理中发挥作用;

(2) 披露社会、环境和经济表现的压力越来越大;

（3）在以前自愿参与的领域加强监管；

（4）金融界对非财务业绩的关注日益提高。

好的治理源于好的价值观和伦理观而不是规则，企业社会责任就是这些价值观和伦理的一种表达。治理价值观在一定程度上决定了一家公司想成为什么样的企业公民，而企业社会责任是这种行为的一个基本组成部分。不断变化的企业责任边界正开始界定影响企业绩效的新责任范围，其中就包括社会和环境问题。

2001，英国保险协会（ABI）在发布的《社会责任投资披露指南》(*Disclosure guidelines on social Responsible Investment*）中，制定了一套关于公司治理的报告准则。由于投资者需要了解董事会的主要风险，公司应在年报中说明董事会是否达到以下要求：

（1）考虑到社会、环境和道德（SEE）事项对公司的重要性；

（2）评估SEE事项对公司短期和长期价值带来的重大风险，以及适当应对可能带来的提升价值的机会，并正在管理这些风险；

（3）已收到足够的信息来进行此类评估，并对董事进行了有关SEE问题的培训。

同年，英国颁布特恩布尔报告：《内部控制，董事合并守则指引》（2001），要求公司考虑以下事项："重要的内部和外部业务、财务、合规和其他风险是否在持续的基础上得到识别和评估？"例如，重大风险可能包括与市场、信贷、流动性、技术、法律、健康、安全和环境、声誉和商业诚信问题相关的风险。

2002年《萨班斯—奥克斯利法》出台后，董事会更注重企业战略监督和风险管理。投资者也越来越关注运营和声誉风险，以及它们对企业财务业绩和市场估值的影响。董事、经理和投资者需要更好地了解公司与非关键利益相关者之间的关系，对利益相关者关系的了解对于培养长期股东价值至关重要。

2003年，艾伦·怀特（Allen White）以美国人的视角撰写了《企业社会责任顾问》(*Business for Social Responsibility*，BSR）一书。他认为，无论董事会是否意识到这一点，他们都是公司价值观的总设计师。他评论：董事会在履行职责的过程中，会有意或无意地制定涉及企业社会责任的议程。作为最高的治理主体，董事通过其关于战略、激励和内部控制系统的决策，在组织内制定价值观和标准……通过薪酬、提名、审计和财务委员会，董事会向管理层、员工和外部利益相关者发出信号，表明它如何看待短期股东价值与长期财富创造之间的艰难权衡。董事会可以对企业责任的各个方面进行影响，如确定 CEO 的工资与员工平均工资的比例；提高董事会招聘的多样性，以反映利益相关者的利益范围；对社会审计和财务审计作出承诺；引导资本投资和证券投资，促进可持续发展。即使没有企业社会责任委员会或个别董事对企业社会责任问题的认识较强，董事会也不可避免地会对组织的企业社会责任表现施加强大的影响。

2004 年，OECD 修订的《公司治理指南》明确指出，董事会应考虑利益相关者的利益，包括员工、债权人、客户、供应商和当地社区，并指出环境和社会标准与此相关。

2004 年，一篇名为《奖励美德：董事会对企业责任采取的有效行动》（reward Virtue: Effective Board Action on Corporate Responsibility）的报告重点介绍了董事会可以通过何种方式增进对公司的信任，防范不道德行为。他们记录了一些建议——董事会如何通过将内部和外部激励计划结合到企业责任上来，确保培养诚信、公平和问责的文化；支持董事会参与企业社会责任框架；董事会对企业文化完整性的关键影响力。报告指出，如果董事会能培养出具有强烈价值观导向，并辅以奖励和其他激励措施以培养道德行为的特质，那么，董事会就能主导持久的价值观文化，从而在社会上培育出更牢固的信任关系、更强大的品牌和更强劲的企业业绩。

2004 年，伦敦证交所与英国管理咨询公司罗布森·罗兹（Robson Rhodes）合作，出版了一本公司治理指南《公司治理：实务指引》（Corporate Governance: A Practical Guide），其中包括与企业社会责任有关的重要条款。指南提出，"董事会需要来自公司内外的信息，以使其能够根据战略目标有效地监督和审查公司的业绩"。这些信息应该包括财务和非财务绩效指标。它们提供了以下非财务绩效指标列表，所有这些指标都与企业社会责任有关。

（1）重点品牌的市场定位；

（2）客户满意度/保留；

（3）员工满意度和离职率；

（4）新客户/新产品占业务的比例；

(5) 研发和创新措施；

(6) 社会和环境绩效；

(7) 对企业的股东和其他关键利益相关者进行评估。

伦敦证交所（LSE）用了大篇幅来阐述企业社会责任，并提出了以下八个问题：

问题一：董事会对待企业社会责任的方式是否直接源自企业战略？

问题二：是否有董事会成员专门负责企业社会责任问题？

问题三：有否让大股东参与制定集团的社会责任；

问题四：他们对小组在这方面的工作方法和表现有何看法？

问题五：是否遵循相关的外部指导方针？

问题六：在关键领域是否设定了严格的行动目标和截止日期？

问题七：是否确定与企业社会责任有关的主要风险和机会？

问题八：报告进展情况和讨论进一步发展的范围是否具有透明度？

伦敦证交所（LSE）呼吁董事们确保有足够的时间来处理企业社会责任问题，并确保在进行收购或其他重大投资时理所当然地考虑到企业社会责任。该指南还引用了投资者关系协会最佳实践网站关于如何管理有效的投资者关系。《公司治理：实务指引》建议，公司应向投资者提供有关"公司社会责任政策的信息，包括每个企业社会责任领域的政策目标，量化其实现的进展，以及关于健康和安全或其他社会责任投资事项的任何未决诉讼的信息"。

2005 年，"商界在社区"（Business in the Community，BITC）、Insight Investment 和富时集团（FTSE Group）联合发布了一份报告，就董事会在企业责任方面的行动提出了若干建议。具体地说，他们建议，董事会应达到以下要求：

(1) 设定价值和标准；

(2) 从战略上考虑公司的责任；

(3) 对监管持建设性态度；

(4) 统一绩效管理；

(5) 创建诚信的文化；

(6) 利用内部控制来确保责任。

2006 年《全球可持续发展报告》（*Global Sustainability Reporting Survey*）对

可持续发展提出的一项重要建议是，让董事会"重新审视可持续发展议程可能改变竞争格局的方式"。他们特别建议董事会评估他们的商业战略是否符合可持续发展议程，并确保他们没有忽视这些可持续发展趋势带来的价值创造机会。

2006年，SustainAbility和国际商业领袖论坛（IBLF）提出了一个董事会领导框架，该框架被他们称为L.E.A.D.E.R.，在框架中，系统阐述了实现良好公司治理的6项核心原则，而且这六项核心原则均与董事会的三项核心职能有关。之后，他们对此进行了进一步拓展，提出了与改善企业社会责任实践密切相关的治理行为，具体包括：

（1）制订董事会章程或政策以指导其活动并界定其职责范围；

（2）批准涉众对企业社会责任问题的参与策略；

（3）建立正式的结构（如董事会委员会、咨询小组或董事会赞助商）来监控企业社会责任的表现；

（4）识别企业社会责任的主要风险；

（5）批准一组关键绩效指标（KPI），以评估企业社会责任的绩效和遵从性；

（6）批准企业社会责任报告的策略；

（7）评估董事会在企业社会责任专业知识方面的能力和多样性；

（8）利益相关者理论具有规范性和道德意义，它关注的是一个公司应该做什么，以履行其社会责任，也有助于它预计将导致更好的组织性能，将企业社会责任方面纳入CEO继任规划和领导力发展；

（9）调整薪酬流程，将其纳入企业社会责任治理。

总部位于美国的企业社会责任组织（Business for Social Responsibility）对企业董事会与企业社会责任之间的关系进行了分析。它们也记录了一些对董事会的新要求，这是立法授权的结果，这些授权正在改变董事会的组成、角色和权威，并增加了对非财务风险和机会的关注。他们在原有基础上进一步拓展了新的需求领域：

（1）提高金融界对股东价值与非财务绩效之间联系的兴趣；

（2）越来越多地考虑利益相关者参与公司治理；

（3）在社会、环境和经济问题上增加公司政策和业绩的披露；

（4）增加对公司在环境和人权等关键公共政策问题上的立场的关注；

（5）对董事会组成和多样性的持续审查。

总之，越来越多的人认识到，以企业社会责任为导向的公司将创造长期股东价值；董事会对企业社会责任问题的研究与实践呈渐进式发展趋势，并越来越重视利益相关者；同时，企业社会责任问题已经被纳入风险管理和机会管理；将企业社会责任的监督委托给董事会委员会，并加大企业社会责任治理体系的披露力度。

第 7 章

高管层治理

早在 20 世纪 50 年代,当时美国的企业高管以及一些学者就开始呼吁企业作为社会福利的受托人。1951 年,泽西岛标准石油公司(Standard Oil of Jersey)的董事会主席 Frank Abrams(1951)最早发出关于高管对社会责任的重要声明。1960 年,Davis 在《商业与社会调查》一书中暗示了管理者在企业社会中的作用,他认为企业责任涉及企业部门中超出企业直接经济利益的决策,这责任涉及管理自由裁量权。1971 年,主要由企业高管组成的经济发展委员会(Committee for Economic Development, 1971),鼓励企业对其社会功能采取更广泛、更人道的观点。

巴西制造公司塞氏公司(Semco Co. Ltd.)的首席执行官 Ricardo Semler(1989,1993)是一个自认特立独行的人,他颠覆了许多关于"良好管理"的假设。例如,在塞氏公司,他允许工人设定自己的工资和工作时间;他教公司里的每一个人,包括车间工人,如何看资产负债表;他公开了每个人的工资。他说:"如果你对自己的薪水感到尴尬,那你很可能根本就没有挣到钱。"他的基本理念是:"大多数公司雇用成年人,然后像对待孩子一样对待他们。"Semler 所做的一切都是为了让员工承担起他们应得的责任和信任。

企业社会责任是公司管理者的一种道德选择,实质上赋予了企业经理层一种自由裁量权(Ackerman,1975)。高层管理人员可以成为企业社会责任的推动者,这种想法来自商界本身(Swanson,2008)。现有研究中,管理者与企业社会责任关系的研究主要集中在两个方面:是否存在代理问题和企业社会责任是否对企业价值有贡献。

7.1 高管层治理理论分析

商人的决定和行为影响着他们的利益相关者,并最终影响着整个社会的生活质量(Bowen,1953)。因此,对于企业高管而言,企业社会责任有义务"保证企业行为符合社会目标和价值观"(Bowen,1953)。

在自由企业、私有财产制度下,企业高管是企业所有者的雇员。他对雇主负有直接责任,这种责任就是按照他们的愿望来经营企业,即在符合社会基本规则的情况下赚尽可能多的钱。作为企业高管,经理人是拥有企业或设立行政机构的代理人,企业能否履行社会责任,在很大程度上取决于高管的行为。

7.1.1 基于代理理论的分析

企业社会责任背景下的代理问题最恰当的描述是管理者有投资于企业社会责任的动机,但由于偏好不同、两权分离,再加上不完全契约,股东并不因此受益。根据代理理论(Jensen and Meckling,1976),高管层的利益与其他股东的利益并不一致。研究发现,代理问题可以通过非价值最大化的投资选择表现出来(Shleifer and Vishny,1989;Shleifer and Vishny,2000)。企业社会责任支出被认为是一种投资形式(McWilliams and Siegel,2001)。从股东角度分析,企业对企业社会责任的投资就是对财务资源的浪费,高管层进行企业社会责任投资是由于自私而做出非价值最大化决策。Kruger(2015)认为以牺牲股东利益为代价使管理者受益,因而企业社会责任也是公司业务活动的一部分。所以企业社会责任仅仅是企业内部代理问题的结果。

代理理论认为,管理者参与企业社会责任的动机反映了社会责任企业管理者的动机不足,这意味着管理激励与股东价值最大化更一致的公司代理问题较少。一般来说,如果企业社会责任是由代理问题驱动的,那么那些更符合股东价值最大化利益的管理者应该减少对企业社会责任的投资。

Demsetz(1983)、Fama和Jensen(1983)等都认为,随着高管所有权的

出现，会产生固守，因为更多的所有权赋予管理者更多的权力去做他们想做的事情。

然而，随着股东对企业的所有权越来越多，他们也承担了越来越多的活动成本，如企业社会责任的过度投资，降低企业价值。Jensen 和 Meckling（1976）发现，随着管理层所有权的增加，管理层对价值最大化的偏离程度会降低。Morck，Shleifer 和 Vishny（1988）认为管理层持股与 Tobin's Q 呈负相关，在 5%~25% 的持股范围内。当管理层持股比例小于 5%、大于 25% 时，管理层持股与 Tobin's Q 呈正相关。研究发现，在 5%~25% 的持股比例范围内，经理人最大化公司价值的动机被"固守效应"（entrenchment effect）所抵消。这意味着，当经理人拥有 5%~25% 的股权时，他们会做出非价值最大化的投资选择。在低于 5% 和高于 25% 的持股比例下，当管理层持股比例增加时，他们将公司价值最大化的动机超过了"固守效应"，因为管理层持股比例的增加会增加公司价值。而在 0~5%，管理层持股与托宾 Q 之间的正相关关系可能是由于存在大量的无形资产的公司，而托宾 Q 较高，这些公司可能需要更大的管理层持股，以确保适当的管理。Demsetz 和 Lehn（1985）对此进行了进一步的讨论。总的来说，这些发现为公司内部代理问题的存在提供了证据，也为管理者在公司所有权上升时，他们的利益与股东的利益趋同提供了证据。

根据代理理论，根据业绩获得报酬的经理人应该更符合股东的利益，因为股东回报通常是基于公司业绩。换句话说，绩效薪酬使经理人的效用函数更接近股东的效用函数。Masulis，Wang 和 Xie（2009）认为，薄弱的绩效薪酬被广泛认为是管理层和股东之间激励不协调的主要形式，表明治理不善。总的来说，在其他条件相同的情况下，与不按业绩付费的经理相比，按业绩付费的经理承担了更多与非价值最大化投资相关的成本。绩效工资与企业社会责任之间的负相关关系表明，管理者推动的企业社会责任支出的单位增加会降低企业价值，这意味着管理者对企业社会责任的过度投资。

7.1.2 公平动机与温情效应（Warm Glow Effect）

管理者过度投资的动机除了利他主义外，也可能源于公平动机（Fehr and

Schmidt，1999）。温情效应对企业社会责任的偏好是基于信仰。温情效应[①]（Andreoni，1990）认为，人们从给予的行为中以一种良好的感觉获得效用。Videras 和 Owen（2006）表明，为环境保护公益做出贡献的个人生活满意度和幸福感更高，这可以归因于温情效应。经理人过度投资企业社会责任的动机也可能受到社会压力的驱动。总的来说，由于利他动机或社会压力，管理者在企业社会责任方面的投资可能超过企业价值最大化的金额。

如果管理者可以从给予和/或公平动机中获得温情效应，只要这样做的积极效用大于降低企业价值的消极效用，他们可能会从事低效的企业社会责任活动。文献发现，个人会出于某些原因而进行捐款，其目的并非提高或保护自己的声誉。Videras 和 Owen（2006）的研究表明，对环境保护公益做出贡献的个人报告的生活满意度和幸福水平更高，这可以归因于温情效应。Cyert 和 March（1963）认为管理者将个人价值观和信念带入公司，表明管理者可能会根据热情和公平动机行事。如果管理者对企业社会责任的过度投资至少部分是出于利他主义，那么管理者就应该在没有社会压力的情况下对企业社会责任进行投资，并且应该减少这些投资，因为他们要承担更多低效投资的成本。如果这是真的，那么在没有社会压力的情况下，管理层所有权/激励与企业社会责任之间的关系应该是负的。这说明管理者投资于低效率的企业社会责任并非出于社会压力的原因，这说明与社会压力无关的企业社会责任边际投资正在降低企业价值。

如果对企业施加压力的利益相关者能够在奖励或惩罚企业的基础上，以企业为代价对管理者进行奖励或惩罚，那么社会压力可能导致管理者的企业社会责任支出效率低下。例如，Cespa 和 Cestone（2007）提供了一个理论模型，在这个模型中，效率低下的管理者可能会致力于社会责任行为，以获得利益相关者的支持，并提到当政治游说、社会行动主义和媒体运动有权力提拔/羞辱大型企业的高管时，这一点尤其正确。换句话说，根据这项研究，效率低下的管理者可能会投资于（昂贵的）企业社会责任，以提高/保护他们在股东以外的

[①] 由 Andreoni（1990）提出，所谓温情效应，是指 "the feel-good factor or the sense of satisfaction derived from altruistic behaviour which differentiates pure from impure altruism（由利他主义行为所产生的良好的感觉或者满足感。这种行为是纯粹利他主义和非纯粹利他主义区别的体现）"。

利益相关者中的声誉，作为一种巩固自身利益的手段（让公司股东取代他们的成本更高）。总的来说，如果利益相关者能够奖励（惩罚）管理者个人遵守（不遵守）他们的要求，那么管理者应该通过增加企业社会责任活动来对社会压力敏感。此外，如果管理者对社会压力的反应是过度投资于企业社会责任活动，那么社会压力至少也应该负向调节企业社会责任与企业价值之间的关系。这将与经理人投资于利益相关者关系以保护他们的声誉相一致，而牺牲股东的利益。

7.1.3 声誉驱动

Barnea 和 Rubin（2010）认为，由于成本由股东承担，高管过度投资企业社会责任活动是为了提升自己作为良好的全球公民的个人声誉。Letza 等（2004）提供了一个名为"滥用行政权力"的分析框架来解释企业管理者的这种寻租行为。他们提出，"当前公司治理安排的主要问题是，它们向执行经理提供了过度的权力，这些经理可能会滥用这种权力来追求自己的利益"（Letza et al.，2004）。在一份类似的报告中，Lavelle（2002）提供了关于 CEO 利用慈善捐赠来损害董事会中有影响力的董事独立性的轶事证据。最后，Bartkus 等（2002）认为企业社会责任，特别是企业慈善行为与代理问题的增加有关。总的来说，这些论点是基于企业社会责任活动是由于所有者和企业管理者之间的代理问题的观点。

根据企业社会责任的代理驱动观点，CEO 从事社会项目是为了他们自己的个人利益，作为一种建立他们的声誉或在公司中站稳自己的方法（Benabou and Tirole，2012）。Cespa 和 Cestone（2007）认为，在职 CEO 在被替换的威胁下，战略性地利用企业社会责任活动作为一种防御策略，即通过"收买"公司的利益相关者。Pagano 和 Volpin（2005）提出了一个理论模型，在该模型中，高层管理者和低层员工为了巩固管理者的地位和避免事后追尾的威胁而相互勾结。具体来说，高层管理人员通过增加员工福利来获得员工支持，这阻止了潜在的收购，从而降低了管理层更替的可能性。

从企业社会责任价值提升观点角度分析，企业社会责任有利于提高公司的盈利能力。现有很多研究都认为，参与企业社会责任能够带来更高的营利回报。还有一些解释认为，营利能力更高的企业会更多地参与企业社会责任，而不是说参与企业社会责任会带来更高的营利能力（Waddock and Graves, 1997）。

高层管理者是企业中员工的榜样，高层管理者不但在企业社会责任中对公司政策的决策起着重要的作用，同时也会对企业文化产生影响（Quazi, 2003）。

7.1.4 股东驱动

除了代理驱动会影响高管层的企业社会责任决策外，股东驱动也影响高管层企业社会责任决策行为的一个因素。

Mcwilliams 和 Siegel（2001）提出了企业社会责任如何通过差异化提高企业价值的一般理论模型。在模型中，两家公司销售相同的商品，只有一家公司在其产品中添加了额外的社会属性。这个社会属性被一些利益相关者所重视，并为公司带来了额外的收益。产品差异化（通过企业社会责任）的好处可能是新需求的形式，也可能是要求溢价的能力。如果这些好处抵消了参与企业社会责任的较高成本，那么企业社会责任就提高了企业价值。各种研究更深入地研究了特定的机制。例如，企业社会责任可以提高企业价值，因为企业社会责任活动可以被消费者所重视，所以他们愿意为社会责任公司提供的商品和服务支付溢价。Lev 等（2010）研究表明，个体消费者对企业的社会活动较为敏感，这说明企业社会责任影响了消费者的购买决策过程。有责任感的企业社会责任可能吸引更多有才华的员工，员工更有效率和/或雇员接受较低的工资。此外，投资者可能认为参与社会活动、履行社会责任的公司更有价值，因此公司履行社会责任可以吸引投资者进而降低资本成本。例如，Hong 和 Kacperczyk（2009）认为，规范约束下的投资者可能会有意识地决定不投资于企业社会责任较低的公司，这导致企业社会责任较高的股票由于需求较高而均衡价格较高。这可能是企业增加社会责任的动机，以吸引这些受规范约束的投资者，从而通过增加投资者基础来降低资本成本，提高企业价值。总的来说，这些机制表明，利益相关者价值最大化可能与股东价值最大化一致（利益相关者通常被认为是股东、客户、员工、供应商和当地社区）。

在股东价值最大化的观点中，管理者可以参与企业社会责任，如果这样做预期会产生正的净现值（NPV），那么反过来又会被股东积极接受。然而，现实更为复杂。事实上，法律要求许多公司考虑其他利益相关者的利益。Williams 和 Aguilera（2008）认为，法律设定了影响社会对企业社会责任期望的标准（规范），这些期望除了制裁之外，还充当了企业构建其行为的焦点（McAdams and Nadler, 2005）。Williams 和 Aguilera（2008）进一步认为，企业参与企业社会责任的动机取决于各种力量的力量，如社区和消费者的需求。Aguilera 等（2007）提供了企业社会责任决定因素的理论模型，并展示了企业社会责任支出如何受到政府（通过执法）和由社区推动的非政府组织/活动人士（通过抵制、运动、对话）等因素的影响。各种研究都发现，外部因素，如监管/法律（Liang and Renneboog, 2016）和社会行动主义（Dyck and Zingales, 2002），会影响企业参与社会责任的决策。例如，Liang 和 Renneboog（2016）表明，与普通法国家的企业相比，法律渊源更规范的国家（大陆法）的企业社会责任评级更高，表明立法影响企业社会责任投资的选择。Dyck 和 Zingales（2002）提供了实证和轶事证据，证明社会活动家利用媒体影响公司政策，包括公司的社会活动。

股东对企业社会责任的偏好，要么是因为它符合企业的发展目标，要么是其可以抵消企业活动的负面社会后果。

7.2 高管层治理影响因素

管理者的决策过程与他们的知识和他们所看重的东西有关（Hambrick and Mason, 1984）。关于高层管理者的背景和组织绩效的研究表明，高层管理者的教育背景和工作经验会影响他们的能力、策略、行为和绩效。Hambrick 和 Mason（1984）认为，高层管理者的生活和工作经历会影响他们的感知、价值观和行为，进而通过对经济环境的认知影响组织的绩效。还有研究表明，管理者的教育程度可以影响他或她（或他们的团队）在信息分析、创新和处理复杂环境的能力（Kimberly and Evanisko, 1981 Hambrick and Mason, 1984; Bantel and Jackson, 1989）。虽然企业社会责任的绩效只能获得投资者的短期积极反应,但企业社会责任的绩效却能提升利益相关者的长期积极形象。例如,Moser 和 Martin(2012)提出,当企业社会责任活动是为了满足更广泛的利益相关者群体的需要或要求时,更有可能以牺牲股东的利益为代价进行这些活动。Thomas 和 Simerly(1995)认为,高层管理者的性格与组织战略和经济绩效的系统性变化有关;因此,这也应该与企业社会责任的表现有关。

Bantel 和 Jackson(1989)认为,管理者的教育程度影响他们应对外部环境、沟通协调、创新、信息处理、宽容和知识的能力。之前的许多研究表明,受过高等教育的高层管理人员(或团队)具有更强的信息处理和创新能力(Kimberly and Evanisko, 1981)。Hambrick 和 Mason(1984)指出,拥有更高学历的高层管理者更有能力应对外部变化和复杂环境。Wiersema 和 Bantel(1992)指出,与受教育程度较低的管理者相比,受高等教育的高层管理者有更多的机会参与管理外部活动。在他们的教育过程中进行数据收集和分析的训练,可以提高他们的判断能力。此外,受过高等教育的管理者表现出更大的宽容;因此,他们更有能力在复杂的情况下做出决策(Kimberly and Evanisko, 1981;Wiersem et al., 1992;Usdiken, 1992)。

与其他企业活动相比,企业社会责任的决策和执行过程具有较高的不确定性和复杂性。受过高等教育的高层管理者将拥有更好的信息处理和整合能力,从而提高企业社会责任绩效。Shafer, Fukukawa 和 Lee(2007)提出,管理者首先必须有能力认识到利益相关者对组织成功的看法的重要性;只有这样,他们才能做出正确的决策与企业社会责任有关。此外,Usdiken(1992)也提出观察事件的能力与他们的教育背景有关。

因此,基于利益相关者重要性意识的观点,受过高等教育的管理者更有能力早期观察利益相关者感知对公司的影响,进而促使公司参与企业社会责任活动。

工作经验也会影响管理者的工作方式和绩效(Outerbridge, 1986)。Hambrick 和 Mason(1984)提出,高层管理者的经验和培训过程会影响他们的感知、认知、价值观和行为,这些因素确实会影响他们对企业环境的理解。Wu(1996)指出管理者的绩效会受到他们工作经验的影响,从提高企业社会责任绩效的角度指出,高层管理者在政治、经济、社会和技术等方面的经验和知识对企业社会责任绩效的提高是有帮助的。此外,Wen(2001)提出,工作经验有助于管理者更快地学习和应对环境相关事件的变化。企业社会责任是评价企业整体绩效的重要标准，而经验丰富、对相关问题了解较深、对这一趋势反应较快的高层管理者，则有望提高企业的社会责任绩效。

管理者是企业社会责任的利益相关者群体之一。管理者在帮助组织处理向社区利益相关者提出的各种企业社会责任倡议方面发挥着至关重要的作用。同时，高管层在进行企业社会责任治理时，面临的挑战是在决策过程中决定哪些利益相关者值得考虑。在任何给定的立场，可能有无数的利益相关者团体（股东、消费者、员工、福利、社会活动家团体）希望获得高管层的关注，如何区分各种利益相关者要求的紧迫性或重要性是高管层企业社会责任治理的关键（卡罗尔，1991）。治理中，其他利益相关者的合法性和权力是两个至关重要的标准。从企业社会责任的角度来看，它们的合法性可能是最重要的。从管理效率的角度来看，它们的权力可能具有中心影响。

一般来说，企业社会责任的利益相关者有两种类型：主要和次要利益相关者（Clarkson，1995）。如果没有主要利益相关者的持续参与，公司就无法作为一个持续经营的公司生存下去。主要利益相关者群体通常包括员工，如公司各工作部门经理、股东和投资者、客户、供应商等。次要的利益相关者是指那些对公司影响或受公司影响较少的群体，他们不与公司交易，并不是公司生存的必要条件。因此，媒体和广泛的特殊利益集团被认为是次要的利益相关者，他们有能力动员支持或反对公司的公众舆论。次要利益相关者可能反对公司为履行其职责或满足主要利益相关者群体的需要和期望而采取的政策或计划。

管理者认为他们对员工、客户和政府的责任比他们对社会的责任更容易形象化和管理（Lee，2008），原因在于管理者对主要利益相关者的责任是在公司的使命和愿景文档中构建的。然而，管理者通过企业社会责任对社会所承担的责任有时会以一种特殊的方式进行描述，并有一个灵活的完成时间。Friedman（1970），McWilliams、Siegel和Wright（2006）表达了同样的观点，并补充说企业社会责任的存在是公司内部代理问题的体现。代理理论认为，企业社会责任是对公司资源的滥用，这些资源本应更好地用于增值的内部项目或返还给股东。该理论还表明，企业社会责任是高管的一项额外福利，从某种意义上说，管理者可能会利用企业社会责任推动他们的其他个人议程，如销售超出他们官方任务范围的公司产品。

Freeman（1984）对利益相关者理论持支持态度，并对管理者对企业社会责任的支持提出了更加积极的看法。他断言，管理者必须满足各种利益相关者，如员工、客户、供应商和当地社区组织，他们可以影响公司的结果。这意味着企业参与某些企业社会责任活动可能使企业获得支持，特别是来自非财务利益相关者的支持。利益相关者理论通过纳入企业社会责任的道德和伦理维度而得到扩展，从而强调管理者在努力中"做正确的事情"具有道德意义。

企业的资源及其环境（包括社区）通过企业社会责任进行链接。因此，管理的角色是确保企业社会责任成功的关键因素。特征特别是管理者的角色、态度和胜任能力会影响企业社会责任的功能，因为这些特征被认为是基于管理系统论的系统输入和绩效输出（Fernandez, Junquera and Ordiz, 2006）。管理者的特征是人力资源开发实践中需要考虑的重要标准。此外，管理者是企业社会责任工作环境中的人力资源之一（Bursa Malaysia, 2006）。这意味着一个公司应该确保一个高质量的工作环境，在这个环境中，员工的角色、态度和能力，包括各个工作部门的经理，是公司管理层在追求创造一支知识渊博的劳动力队伍的过程中主要关注的问题之一。此外，一个有社会责任感的雇主需要具有适当角色、态度和能力的功能性企业社会责任经理。

与强有力的公司治理形成鲜明对比的是，管理权力的增强意味着，由于管理层对董事会的影响力，董事会并不总是在讨价还价时保持一定的距离。在这些情况下，与最优契约所建议的效率水平相比，管理权力可能过高。当管理者拥有过多的权力并变得"根深蒂固"时，代理成本更有可能以牺牲股东为代价发生（Shleifer and Vishny, 1989）。拥有更高的管理权力也使管理者对他们的薪酬有更大的影响力，从而导致管理者通过不太透明或更难以估值的合同条款获得过高的薪酬（Bebchuk and Fried, 2004）。因此，如果社会绩效活动代表代理成本，对薪酬合同结构影响较大的管理者就更有可能对企业社会责任产生激励。例如，如果企业社会责任的结果更难以衡量，基于企业社会责任的薪酬就可能是一些管理者更容易获得额外薪酬的一种手段。或者，如果企业社会责任不是代理成本，那么更大的管理权力应该会导致基于企业社会责任的合同更少。

7.3 高管层治理实践

由于涉及的角色和学科范围不同,企业社会责任经理的具体技能很难明确。根据研究(Career Service,2009),业务技能、人际技能和技术技能是高管应具备的上基本技能。商业技能致力于建立洞察力、沟通技巧、决策、商业意识、信息技术、创新战略意识、领导力和解决问题的能力。人际技能包括适应能力和同理心,在社区中发展他人,在没有权力的情况下施加影响,正直的政治意识,利他主义的志愿精神,以及成人的学习。最后,技术技能包括技术专长、理解评估和影响和理解可持续性等。

此外,高管还应该具备六个核心能力——了解社区和社区发展能力、建设能力、质疑盈利之外业务的能力、利益相关者关系管理能力、战略业务和社区伙伴关系管理能力,以及利用多样性能力。

《社区商业》杂志首席执行官斯蒂芬·霍华德(Stephen Howard)提出了治理企业社会责任的八项原则,用于指导企业管理层进行企业社会责任的价值定位,并将其整合到企业的日常战略重点中。这些原则包括:

(1) 领导并承诺,确立有责任心的价值观和标准;
(2) 把企业社会责任上升到战略高度;
(3) 定期披露履行情况信息;
(4) 参与改善你所在行业的监管;
(5) 协调绩效管理,奖励履行社会责任的部门;
(6) 构建和谐的文化;
(7) 利用内部审计和风险管理确保责任履行;
(8) 定期检查治理安排。

此外,高管还可以从以下六个方面开展社会责任活动(Kotler and Lee,2005)。

(1) 公司可以提供资金、实物捐助或其他资源来提高对社会事业的认识和关注。

(2) 企业承诺根据产品销售情况,将一定比例的收入捐给特定的事业。

（3）企业支持开展和/或实施行为改变运动，以改善健康、安全、环境或社区福祉。

（4）企业直接以现金捐赠和/或实物服务的形式向慈善机构捐款。

（5）企业支持并鼓励零售合作伙伴和/或特许经营成员自愿抽出时间支持当地社区。

（6）公司采取可自由支配的商业做法，支持社会事业，以改善社区福利和保护环境。

第8章

其他利益相关者治理

8.1

股东治理：社会责任投资

社会责任投资（socially responsible investments, SRI），通常也称为道德投资或可持续投资，是"在严谨财务分析的范畴内，考虑投资对社会及环境的正面及负面影响的投资过程"（Social Investment Forum, 2001）。

股东的社会责任投资行为有着深远的伦理学基础，同时深受文化、宗教的影响。在我国，这种思想早在春秋时期就已出现，《论语》中就曾提及，"富与贵，是人之所欲也；不以其道得之，不处也"，强调获取财富一定要通过正当的手段和途径。《增广贤文》中也有"君子爱财，取之有道"的说法，与孔子的思想一脉相承。在中世纪的基督教时代，犹太教的教义中就对使用金钱要符合道德要求等有大量的说明，《圣经》中也对贷款和投资有着道德上的限制要求。20世纪20年代，英国卫理公会教堂（Methodist Church）开始投资股市时，就避免投资那些在当时视为"罪孽深重"的公司，如涉及酒精、烟草、武器和赌博的公司。

随着投资者对企业社会责任的关注日益增加，企业的社会责任履行状况成为影响投资者投资决策的一个重要因素。2001年，澳大利亚政府通过了一项法案，要求所有投资公司的产品披露声明都要包括"考虑劳工标准、环境、社会或伦理因素的情况"。自2001年以来，澳大利亚证券交易所的所有上市公司都有义务做年度社会责任报告。在英国，2001年2月生效的《2000年受托人法》（*The Trustee Act* 2000）就明确要求慈善受托人确保投资符合慈善机构的既定目标，在决定投资信托基金时要对其进行道德层面的考量。美国的《萨班斯—奥克斯利法案》（*Sarbanes - Oxley Act*，2002 年 7 月）第 406 条明确要求企业披露一份由首席执行官、首席财务官和首席会计师签署的书面道德准则。

8.2 员工治理

早在 19 世纪晚期和 20 世纪早期，一些公司就通过福利计划以保护和留住员工，甚至有一些公司开始考虑提高员工的生活质量（Carroll，2008）。

企业社会责任的核心理念认为，人、企业和社会是相互交织的，而不是相互独立的实体。社会责任履行可以被视为一种投资行为，有助于帮助企业吸引、发展和管理员工。员工希望为"好"公司工作，为他们感到自豪的公司工作。他们不喜欢在朋友和家人面前为自己的公司辩解，因此，企业社会责任记录良好的公司在招聘、维护和激励员工方面比其他公司更有优势。

企业社会责任向求职者提供关于组织价值和规范的信号。树立"良好"形象的组织为求职者提供了积极的信号（Rynes and Cable，2003）。员工是直接为公司成功做出贡献的主要利益相关者。因此，了解员工对企业社会责任的反应可能有助于回答关于企业社会责任对企业潜在影响的挥之不去的问题，并阐明一些对此负责的过程（Bauman and Skitka，2012）。社会认同理论认为，个体倾向于通过认同因其社会参与和责任而被认可的群体和组织，来增强自己的自尊和自我形象（Gond et al.，2010）。根据企业社会责任领域（工作场所、市场等）和特定的利益相关者群体（当前员工和未来员工），可以使用不同的理论和论据来解释企业社会责任对雇主吸引力、雇主选择和员工激励的积极影响（Bustamante and Brenninger，2013）。

因此，企业社会责任可以被视为吸引最合格员工的有效营销工具，也是企业声誉的重要组成部分（Fombrun and Shanley，1990）。因此，通过提升企业形象和声誉，企业社会责任是向潜在员工推销组织的合适工具。员工是公司的主要利益相关者，并为公司的成功做出直接的贡献，了解公司对员工的责任有助于探索企业社会责任对企业的潜在影响，并对其履行相关责任提供参考。

事实上，对雇主和潜在员工来说，一个日益重要的方面是"人—组织—

适应"（person-organization-fit，POF），即一个人适应其工作环境的方式（Gond et al.，2010）。根据欧洲委员会（European Commission，2008）的研究，工作场所的社会责任——如工作与生活的平衡、社会福利和健康管理——对工作满意度、员工承诺和当前员工的忠诚度有直接影响，并可能导致更高的动机、生产力和创新。而且，只要潜在员工能够事先评估工作场所的特征，他们对公司的认知和情感判断就会产生积极的影响。此外，当员工更积极地看待他们的组织对社会责任行为的承诺时，他们也倾向于在与更好的绩效相关的其他领域拥有更积极的态度，如客户服务和来自管理层的领导（Porter and Kramer，2006）。

通过组织学习，员工会认可新的角色和行为要求，构建新的人际关系，并提高解决问题的能力、掌握新的方法。通过不断的学习和适应，管理层和员工之间的关系变得更加融洽，可以分享信息、建立沟通网络、提高团队建设水平。

8.3 消费者治理

公司是否有社会责任感会影响客户对公司的看法。消费者通过表达对绿色产品或使用清洁技术生产的产品的偏好来调节污染密集型商品的市场。公司的战略竞争力来自其差异化的能力，在顾客心中树立积极的形象，也可以保证购买忠诚度、新产品的采用和口碑的推广。企业社会责任将提高公司声誉，赢得消费者和其他利益相关者的信任，从而扩大销售，赢得消费者忠诚度。2006年，Fleishman Hillard 调查了美国人对企业社会责任的理解，结果发现，76%的美国消费者认为企业"要承担社会责任，员工工资和工资增长比企业进行慈善捐款更重要"。因为，"如果公司想要保持和加强它们的声誉，它们必须先保障好员工的权益"。

Creyer（1997）认为，商业道德标准高的公司会对消费者的购买决策产生积极的正面影响。Mohr 等（2001）研究也发现，企业社会责任活动水平会影响消费者的购买决策和公司投资决策，它们会根据企业是否履行环境保护责任、承担社会责任、企业行为是否符合道德规范等决定购买行为的实施。遵守道德规范、重视环保的企业更容易获得利益相关者的青睐,维护社会关系,并取得更好的经济绩效。特别是绿色消费者①,他们希望产品和服务能满足可持续发展的需要,这种期望会促使企业去履行环境责任。消费者对产品和服务的选择会对公司行为产生一定的激励,进而影响公司的文化价值取向、环保的态度、对供应商的要求等。

但是,越来越多的消费者认为,一些企业履行社会责任只是一种伪装的公关行为,是一种营销策略。这些消费者对企业社会责任背后的真正动机持怀疑态度,并且不容易相信企业,这也给真正致力于社会责任的企业提出了更大的挑战。这是为了社会和环境的最大利益而采取的行动。

8.4 政府治理

政府作为公共福利的监护者,是外部治理的重要组成。政府的治理主要体现在法律法规、公共政策等方面。企业履行社会责任对于实现可持续发展、环境保护等有助于政府目标的实现具有重要意义。而且,企业社会责任还涉及企业资源在公共事业中的重新分配(Liston-Heyes and Ceton,2007)。

20世纪70年代以前,在欧美国家虽然政府有监管和立法,但企业基本上还是沿着一条自主发展的道路前进,只听取股东的意见,觉得自己只对股东负有一定的责任。随着社会的不断发展,各类矛盾日益突出,人们开始意识到地球生态的脆弱性,同时也开始意识到人权的重要性。当社会对企业社会责任期望增加时,政府就会采取行动。例如,公共政策长期以来一直被用来减轻企业的负面溢出效应,如经济扩张或成本削减导致员工的工作环境不安全,或污染危及整个社区的健康和福祉。政府会通过法律法规强制要求企业进行废弃物管理以保证生态的良性发展。美国的萨班斯—奥克斯利(SOX)法案其实就是对

---

① Farj-Andres 和 Martinez-Salinas(2007)将绿色消费者定义为生态消费者,是指关心环境,以环保作为消费决策影响因素的消费者。Alsamdi(2007)将绿色消费者定义为"有环保意识,忠于绿色产品的消费者"。Chitra(2007)开创性地将绿色消费者分为四类:(1)希望以合理价格购买绿色产品的求道者;(2)沉迷于购买绿色产品的成瘾者;(3)寻求满意产品(不考虑绿色与否)的调节者;(4)不相信绿色消费或绿色营销的回避者。Alsamdi(2007)将环境意识定义为"表现出较强的环境责任感"。

企业忽视社会责任的一种反应（Windsor，2006）。对于企业而言，如果履行某些社会责任，如生态责任等，可能会给企业带来较高的成本，有可能会降低企业在产业中的竞争力并使公司处于竞争劣势，很多企业高管则缺少履行社会责任的激励。在这种情况下，如果政府规定行业内所有公司都必须履行、达到或采用某些方式以实现社会责任履行，那么高管所面临的困境就不复存在。

政府在参与治理过程中，往往采用信息工具（Informational instruments）、经济工具（Economic instruments）和法律文书（Legal instruments）的方式，其中既有强制性的法规，同时也涉及自愿性的建议。例如，快速的经济发展、技术和科学进步增加了企业对自然环境的影响，加剧了环境退化和生态失衡，因此需要通过立法保护环境和生态。研究发现，政府治理有助于避免企业对劳动力的过度剥削、贿赂和腐败；帮助公司了解社会对其的期望，从而促进公平竞争；在声誉、品牌化等方面为企业带来竞争优势，提高企业盈利能力和实现可持续发展；在某些领域帮助调整公司与员工间的平衡；让坏企业无法通过降低标准进行竞争；等等（Michael Hopkins，2004）。

此外，政府还可以与民间组织和企业在公共政策制定方面以不同的形式进行合作，它们在制订政策方面的直接合作在外部治理的作用日益凸显，这种政策参与的治理网络已经成为现代治理的一个重要特征。

第 9 章

企业生态责任治理

自然资源的日益枯竭、生态环境的不断恶化，对人类的生存提出了挑战，也对企业的发展提出了挑战——如何正确处理企业与生态环境的关系已经成为企业发展的战略问题。企业生态责任是企业发展到一定阶段的产物，是企业追求精神文明的结果，也是企业竞争的结果。企业的生态责任是企业社会责任的重要组成，也是影响企业战略的关键因素。企业在保障生态环境中起着关键的作用，而企业履行生态责任既是社会发展的需要，更是历史进步的需要。

1987 年，世界环境与发展委员会出版第一份全球环境报告《布伦兰特委员会报告》(the Brundtland Report)，之后，企业界一直都在努力将环境问题纳入其战略中去。今天，大部分企业已经意识到其在环境保护、生态保护中所应承担的责任，并自愿地积极履行其责任。保护环境不受污染，维护生态平衡已成为当前刻不容缓的问题。各个国家的政府、政策制定者以及环保主义者都在努力解决全球环境问题。如何防止土地、水和空气污染，保护动植物资源，解决全球变暖问题已经成为现在最受关注的问题。

9.1 生态责任的理论分析

现有研究认为，生态责任是一个人权问题。人权是人所享有的基本的、不可剥夺的权利，其贯穿于整个人类历史。这些权利需要得到保护，有时需要强制执行。众所周知，污染对人类健康和其他生物有机体的影响是非常深远的。不断增长的人口加上现代消费主义文化对环境造成了惊人的破坏，人类应该对环境污染负责。因此，在改善人类的生活质量的同时，必须明智和理性地利用有限的资源，实现可持续发展。

生态责任的理念体现了在确保环境保护的同时实现经济增长和社会公平的虔诚愿望。为了实现这一目标，就需要吸收包括人类价值观、社会参与、清洁技术和良好治理在内的整体方法。

企业在创造利润的同时，也应该意识到，它们可以在提高经济增长和竞争力的同时，确保环境保护和促进社会责任，为可持续经营做出贡献。"企业的最终目的不是，也不应该只是赚钱，它也不应该仅仅只是一个制造物品和出售物品的系统。企业的出路在于通过服务、富有创造性的发明和高尚的道德伦理来为人类普遍造福"（Paul Hawken，1994），生态环境的恶化要求企业重新认识自身的存在、发展与社会和自然间的关系，作为自然的一部分，企业有责任也有义务承担生态责任，构建起符合生态文明的价值观念，为人类的可持续发展服务。

在追求利润的过程中，企业成为污染环境的主要组织。在产品生产过程中，企业必须经过各种制造工艺，有可能排放有毒气体、产生废物，进而对水、土地和空气造成污染。虽然其他个体或社会组织可能会对环境造成污染，但是企业所产生的负面影响更为严重，因而也成为环保人士抨击的主要对象。因此，要求企业实现绿色生产，进行环境审计、环境管理，披露环境报告的呼声日益强烈。过去，环境保护问题一直被视为"公共利益"，由政府承担环境保护及管理的主要职责。政府通过制订法律法规，或者对环保行为进行奖励来促进企业的环保行为。随着环境问题的不断恶化，企业的角色开始出现调整，今天，企业已经成为环境保护的重要参与者，环保行为并不影响企业追求利润最大化。良好的生态环境是人类生存和繁荣的前提，因此，环境责任是企业社会责任的重要组成，并与其他社会责任密切相关，而环保意识的培养则是促进可持续发展的根本。

9.2

企业生态责任履行

在过去的一段时间，环境问题被企业和个人所忽视。危险废弃物以及对环境生态的破坏已经成为经济增长的成本。今天，人们已经意识到这些废旧产品以及生产过程会对环境产生各种负面影响。而且，越来越多的人也意识到，清洁的自然环境，包括水、土、空气等比单纯的低成本产品或者为公司谋取高利润更为重要。因此，越来越多的公司也开始关注"绿色生产"，许多投资者也将企业的环境责任履行状况作为其投资决策考虑的内容。

Porter（2000）提出，在许多情况下，制订合理的法律环境标志会引发降低产品总成本或改进产品价值的创新，这种创新有利于公司从原材料到能源等多个环节入手，减少对环境的负面影响。

大多数公司在履行生态责任时，可以从政策制定、环境管理会计、环境审计、环境信息披露、员工参与、绿色生产与采购等方面进行设计。

9.2.1 制订企业环保政策

环境保护被认为是公共利益而不是私人利益。政府的主要职责是创造一个安全的环境，并指导公司遵守法规与政府制定的法律相一致。公司通常通过制定一套环保原则和标准以减少对环境的影响。在生产设计、产品生产和销售、服务等环境考虑对环境的影响；遵守法律法规，保证企业的合规性。

9.2.2 加强环境识别并评价

企业应该对环境活动进行规划，并与组织成员和利益相关者进行沟通。对环境的识别以及评价，决定了企业生态责任治理的效果。企业环境识别及评价主要包括以下几个方面：

（1）对企业活动的环境影响、污染状况及资源消耗等进行识别评价，并尽可能将负面影响降到最低；

（2）遇到严重或不可逆的环境危害行为时，组织应采取有效措施防止环境恶化；

（3）组织有责任对生产活动过程中产生的有害物质进行管理、运输和处理，尤其是一些生物制剂，其采集、处理、存储、使用安全等都尤为重要。

9.2.3 环境管理会计（EMA）与环境审计

随着环境立法的增加，以及包括股东、高管及员工等利益相关者对生态意识的增强，组织面临的改变压力也在增加。传统的管理会计大多忽略了"环境信息的单独标识、分类、计量和报告，特别是环境成本"，因此，大多数企业没有将环境成本纳入企业决策（Burrit, 2004）。环境绩效信息在一定程度上是可以获得的，但大多数企业并没有将其与经济变量联系起来，也很少在决策中使用（UNDSD, 2001）。

环境会计的发展始于20世纪70年代。Ullman（1976）认为，企业环境会计系统（CEAS）在评估企业正常经营活动的环境影响方面起着关键作用。Dierkes和Preston（1977）证明了会计报告对物质环境的影响，并最终提出了一个系统分析环境影响的框架。

20世纪90年代，美国环境保护协会最早提出环境管理会计。此后，世界上已有30多个国家先后开始推行环境管理会计。环境会计，主要关注与影响环境的企业活动相关的管理者的会计信息需求，以及环境对企业的影响（Burritt, 2004），EMA信息将为环境管理和综合决策过程的组织计算提供数据支持（UN DSD, 2001）。通过在企业决策中考虑环境因素，企业还可以将财务绩效指标与环境绩效指标联系起来进行标杆管理。因此，一般来说，环境管理会计为管理人员提供与环境有关的信息，支持决策过程，从而改善环境和财务业绩。Schaltegger和Burritt（2001）认为EMA代表内部环境会计。他们提出一个全面的环境监察及审核架构，以扩展环境会计的概念。关于环境会计，他们强调与公司活动相关的环境影响主要有两大类："与环境相关的对公司经济状况的影响，以及与公司相关的对环境系统的影响"（Schaltegger and Burritt, 2000）。

EMA包括物料和货币两个方面的内容，分别被命名为实物计量的环境管理会计（PEMA）和货币计量的环境管理会计（MEMA）。前者是指物质和能源的利用、流动和最终处置的程序；而后者涉及成本节约和收入的量化程序，涉及具有潜在环境影响的活动（UNDSD, 2001）。MEMA和PEMA的一个关键区别是使用的测量类型和产生的信息，即财务和非财务的测量和信息。简而言之，MEMA 是关于环境对公司财务业绩的影响，而 PEMA 是关于环境的直接影响。

成本节约、资源节约和更好的成本定价是 EMA 实施公司的明显优势。此外，EMA 与创新和清洁生产有关。因此，环境监察及审核制度可增加股东价值和提高公司声誉。

要让公司对环境有一个完整的认识就需要进行环境审计。Toms（2002）建议企业应主动进行外部环境审计，以建立良好的环境管理声誉。审计的目的在于帮助企业了解其产品线、设备及生产的耗能状况，以及可能的污染排放情况和类型，甚至对这些内容进行量化。

9.2.4 加强环境信息披露

信息披露是一种政策手段，通过政策或程序告知，引起人们对企业行为的关注的一种工具。对于企业而言，这种工具可以作为政府调控的有利补充，能够实现降低成本的目的。对于公众而言，这也是保障利益相关者"知情权"、促进民主、实现信息同质的有效手段。在环保领域，环境信息的披露对于满足利益相关者环保需求，实现可持续发展有重要的意义。

就法律法规角度而言，企业进行环境信息披露是合规性行为，旨在降低可能的诉讼风险。强制性的法律法规是企业环境信息披露的早期动因，是源于政府的生态责任而产生的。在微观上，根据信息不对称理论，环境信息具有不确定性和未知性的特点。企业与其利益相关者之间存在环境信息的不对称，其中企业处于信息优势地位，因为企业对于生态环境的污染和破坏负有主要责任，而其他企业外部利益相关者则处于信息劣势地位。信息不对称一方面会产生"逆向选择"，导致市场优化环境资源的配置功能削弱；另一方面则会产生"道德风险"，无法保证其他利益相关者的环境利益。要有效地解决这两个问题，有效的信号传递机制以及恰当的激励约束机制是关键。此外，从资本市场考虑，股东尤其是外部股东对企业环境业绩的关注不断增加，并直接影响投资者、债权人的决策，因而企业的环境信息报告也在不断增加。因此，对于企业而言，自愿地进行环境信息披露既可以履行生态责任，又可以有效地帮助企业获得外部资本，提高公司价值。

环境信息披露主要涉及企业环境实践的质量，如相关制度设计、环境管理系统的引入、污染的减少或限制碳排放的措施等。具体来说，环境信息的内容主要是一般环境信息、污染和废物管理信息、资源的可持续利用信息、气候变化信息和生物多样性信息（见表9-1）。

表9-1　　　　　　　　　　环境信息内容及说明

内容	说　　明
一般环境政策信息	公司应考虑的环境问题，包括环保认证或评估程序等； 对员工进行环境保护的相关培训； 有关环境保护和防治污染的办法； 为防治环境危害或因环境问题对公司造成负面影响而进行法律诉讼等所产生的预算准备
污染和废物管理信息	预防、减轻或恢复对空气、水、土壤等环境产生负面影响的方法； 废物回收和处置的方法； 消除噪音等其他污染的方法
资源的可持续利用信息	用水和供水情况； 原材料使用情况以及提高原材料使用效率的方法； 能耗情况，提高能源效率和利用的方法； 可再生能源的开发与使用
气候变化信息	温室气体排放量； 适应气候变化的举措
生物多样性信息	保护和发展生物多样性的手段及方法

9.2.5　培养企业环境意识并实现员工参与

如果公司希望能长远发展，那么就必须不断提高客户价值并维护利益相关者关系。这时，企业就必须明白以下两点：第一，资源是有限的；第二，他们的产品或服务不应该成为生态的终结者。据此，企业就必须是生产运营中考虑哪些行为有助于保护资源并能为消费者提供有价值的产品以实现企业的可持续发展。这种环境意识是实现企业与社会可持续发展的唯一途径。

企业从生产原料的采购到投入生产、研发、废物处理、包装、市场细分、销售及售后管理等，每一个环境都会对生态平衡产生影响。因此，环保意识对于企业来说，具有重要的意义。

首先，要加强对环境的态度。早期研究认为，对环境的态度是环境问题的重要组成，人类应该与自然和谐相处，并实现可持续增长。生态问题是社会价值观的问题，是个体对生态的态度和信仰。因此，对环境的态度是企业环境责任履行的重要组成。

其次，对环境问题的意识和认识。公民所具备的环保知识是环境责任的重要组成。大部分研究认为，环保知识会对人的行为产生直接的影响。环保意识和认识越多，人们实施环保行为的可能就越大，更倾向通过回收利用，选择绿色产品，投资履行生态责任的企业等。企业的生态责任涉及企业生产运营的每一个环节，包括降低产品和设施对环境的影响，减少生产过程中所产生的耗能、浪费及污染排放，如何提高资源的效率和生产率并实现可持续发展等。力图让所有的员工都认识到环保的重要性以及生产中可能存在的环境危害，并能自觉自愿保护环境。尤其是企业的管理层，要让每个员工乃至整个组织认识到其工作对环境的影响，教育帮助员工建立正确科学的环境伦理观念，建立一定的激励机制，奖励表彰在工作中积极进行履行环保承诺的员工。

最后，不断提高解决环境问题所具备的能力和技术水平。环境创新技术可以最大限度地减少制造业的生产成本，即环境创新技术对于公司降低单位生产成本、提升公司绩效有着积极的意义。Miles和Covin（2000）对环境绩效进行了进一步研究后发现，公司声誉与公司的财务之间存在一定的关系，研究发现，良好的环境管理战略有利于公司实现声誉优势，进而提高公司的市场销售水平和财务绩效。

第 10 章

企业社会责任信息披露

企业社会责任信息披露始于 20 世纪 80 年代,当时主要集中在石油、天然气、化工等行业。之后,越来越多的国家和国际机构,如全球报告倡议（GRI）等开始制订关于企业社会责任信息披露的法规和准则,而越来越多的企业在满足法定要求披露的情况下也开始进行自愿的 CSR 信息的披露。在资本竞争日益激烈的今天,企业社会责任信息披露可以影响市场参与者及其他利益相关者对公司的看法,可以降低双方的信息不对称,并有效地改善公司与这些代理人的关系,使公司从中受益。对于公司而言,提高企业社会责任信息披露实践已经成为其提高其市场竞争力的有效手段。

10.1 强制性信息披露与自愿性信息披露

政治经济学理论认为,社会、政治和经济是不可分割的。因此,不考虑社会和政治角度是无法对经济活动进行有意义的调查的（Deegan, 2009）。根据政治经济学理论,企业信息披露是一种政治、社会和经济文件（Guthrie and Parker, 1990）。信息披露是"构建、维持和合法化非国大的经济、政治安排、制度和意识形态主题的工具,有助于公司的私人利益"（Guthrie and Parker, 1990）。但这些披露的信息并非中立或无偏见的文件,而是"公司与其环境之间交换的产物,并试图调解和容纳各种部门利益"（Guthrie and Parker, 1990）。

企业披露其履行企业社会责任的活动和报告,也是其履行对利益相关者的责任。披露企业社会责任信息,就意味着企业明确认可了其利益相关者对企业经营等方面具有知情权。企业社会责任信息披露可以减少信息不对称，使不同类型的利益相关者处于公平竞争的环境中。作为回报，企业可以通过信息披露实现改善形象和赢得声誉的目标，吸引投资者，降低资本成本，提高现有员工的保留，吸引潜在员工和改善与利益相关者的关系。这些好处都可以被视为企业履行社会责任的间接动机。

信息披露是公司参与市场的一种方式，也是管理层与外部投资者沟通的主要渠道。根据披露形式或内容是否为法律法规强制要求，信息披露分为强制性信息披露与自愿性信息披露。

强制性信息披露是指根据相关法律、法规、证监会规章等要求必须进行披露的信息，如通过常规的财务报告进行信息披露，主要包括财务报表、附注、管理层讨论和分析，以及其他的强制要求文件等。企业社会责任强制性披露要求大多与定期披露文件有关，如财务报表及其附注、年报和公司治理报告等。强制信息披露是一种有用的政策工具。政策规定了公司需要披露哪些信息，在某种程度上还规定了信息应该如何报告。因此，这些政策在一定程度上起到了最低标准的作用，并使企业活动更易监管。

自愿性信息披露则是对强制性信息披露范围之外的信息所进行的披露（Omaima Hassan and Claire Marston，2010），是公司自愿将非强制性信息提供给金融市场的过程。Meek（1995）认为，自愿性信息披露是指公司披露除证券监督委员会要求以外的过剩信息，是公司为满足投资者的决策要求而自由选择的披露信息。企业社会责任披露在很大程度上是一种自愿行为，但在大型企业中，企业社会责任披露已成为一种常见的商业实践（KPMG International，2013）。

强制性信息披露与自愿性信息披露在内容、信息类型以及制度层面是完全不同的。

首先，从内容上来说，自愿性信息披露的内容主要包括公司财务信息和非财务信息两个层面，其中非财务信息涉及公司的管理、战略、文化等较为广泛的层面。文献研究发现，早期的自愿性信息披露主要集中在财务信息，随着投资者对信息需求的不断增加，其内容从广度和深度得到了进一步拓展，非财务信息如公司管理水平等，日益受到市场的关注。学界认为，这种关注源于投资者投资决策的需要——投资者认为他们投资的是企业的未来而非企业的过去，与反映公司过去绩效的财务指标等信息相比，能够反映公司未来潜力、未来发展状况的信息具有更高的价值。同财务信息一样，非财务信息成为影响投资者投资决策的关键因素。

其次，从信息类型角度来说，早在1933年，美国法律界就对上市公司信息的类型进行了区分——结构性信息和非结构性信息。其中，结构性信息披露是指公司经营结果的明确信息，这些信息必须以官方的形式提供给投资者；非结构性信息是指上市公司可以根据特定的宽泛原则，按照自己的意愿自主性地进行披露的信息。非结构信息与结构性信息无论在内容上还是披露的途径上都迥然不同——其披露的途径更为多样，如致股东的信函、广告、与投资者和分析师电话交谈、媒体见面会、新闻稿、电话会议、投资者会议等。根据前述界定，结构性信息往往属于强制性披露的内容，属于法定的要求，只能最低限度地公开披露信息，而且每年披露的内容一般固定不变，并不能充分反映现代公司在面临复杂多变的情况。而非结构信息更多属于自愿性信息，其披露行为就成为强制性披露制度的有力补充，可以加强投资者对公司的了解，实现对投资者的激励与吸引，并帮助公司避免来自政府和相关利益者的压力。

最后，从制度方面来说，法律制度作为一种配置信息权的契约执行机制，是一种强制性治理，要求公司根据法律和规章，积极披露有关公司的各项报告，让投资者及时了解公司的状况，理解公司的财务战略。自愿性信息披露实践是内生的，是公司对该信息披露的成本和收益衡量后所做出的内部决定。公司在满足法律制度的基础上，可以建立出更具有个性化的契约机制，给予本公司的投资者更多保护。因此，这种非强制的自我实施行为有利于公司在资本市场保持竞争优势。与强制性信息披露相比，自愿性信息披露更为灵活，披露的渠道较为广泛：公司既可以直接进行自愿性信息披露，如管理层预测、分析师报告和电话会议、新闻发布会、互联网站及其他公司报告等，也可以通过中介进行自愿性信息披露，如金融分析师、行业专家及金融媒体等（Paul M. Healy and Krishna，2001），见表10-1。自愿性信息披露的内容、披露的渠道以及披露的时间等都是公司根据其需要灵活掌握，进行自愿性信息披露的成本则是来自产品市场的考虑，公司可以自主地进行衡量选择更有利于本公司利益的披露方式方法。自愿性信息披露可以有效地减少信息不对称,提升公司形象,强化投资者关系,因此可以实现降低公司的资本成本,提高公司价值的目的(Christine A. Botosan, 1997)。同时,公司在进行披露时可以兼顾投资者与公司双方的利益,因而日益受到公司的青睐。

表 10 – 1　　　　　自愿性信息披露与强制性信息披露的比较

项目＼披露类型	自愿性信息披露	强制性信息披露
定义	上市公司为提升公司形象,强化与投资者关系,降低诉讼风险而进行的除了强制性披露外所有的信息披露行为	根据证券法,会计准则,监管机构规定等要求的必须披露的信息
动机	上市公司与其他利益主体间进行的以自利为目的的信息沟通	通过法律法规调整上市公司与其他利益相关主体间的信息沟通
内容	公司未来战略,研发计划,预测性信息,并购信息,投资方案分析,财务信息分析等	公司介绍,基本的财务信息,公司董事会及高管层信息,重要的关联交易,重大事项的解释
渠道	年报,公开宣布,宣传册,网站,路演等	年报,中期报告,季报
时间	任何有必要的时候	固定时间
制衡机制	公司治理机制的设计与有效性	法律的规定与实施
披露的根源	经济全球化以及资本市场全球化	公司对信息的垄断

资料来源:Yu Tian, Jingliang Chen. Concept of Voluntary Information Disclosure and A Review of Relevant Studies. International of Economics and Finance, 2009, 1 (2): 55 – 59.

强制性信息披露以合规为标准,由法律去制衡。相比强制性信息披露,自愿性信息披露完全取决于公司的行为。随着企业对社会责任认识的程度不断加深,越来越多的企业开始通过采用自愿性信息披露实现责任履行,同时也实现自身的价值创造。大部分研究认为,披露水平与权益资本成本间存在负相关关系,自愿性信息披露可以降低公司权益资本成本。委托代理关系问题一方面造成了公司和投资者间的信息不对称;另一方面造成了知情投资者和不知情投资者间的信息不对称,越来越多的信息不对称将导致更多的"信息溢价"。经济理论认为,提高信息披露可以降低信息不对称,进而降低资本成本、增加股票的市场需求。所以自愿性披露通过降低信息不对称实现了降低公司外部融资成本的目标（Myers，1973）。

10.2 自愿性 CSR 信息披露驱动分析

　　Mathews（1995）认为，企业进行社会责任信息披露的动机包括以下三点：首先，提供社会责任信息的公司可以积极地影响它们的市场表现；其次，企业社会责任的披露可以帮助建立公司的合法性与特定的目标群体和公众；最后，非财务披露可以确保企业与所处社会之间存在一种社会契约。除了 Mathews（1995）外，声誉管理和品牌保护可以被认为是制定企业社会责任披露的重要动机（Kolk，2005）。

10.2.1　公司特征

　　首先，公司规模是影响公司自愿性信息披露频率与质量的关键因素，公司规模与公司自愿性信息披露间存在显著关系——显著的正相关关系（Juan and Chye，1993）。根据信息不对称理论，公司的规模越大，投资界要求其进行自愿性披露的呼声也越高，进行自愿性信息披露就成为公司主动弱化信息不对称的一种有效手段（Michael C. Jensen and William，1976）。从诉讼风险角度来说，规模大的公司所面对的诉讼风险也较高，为了降低诉讼风险，提高公司披露水平就是一个比较好的手段。股东诉讼主要从两个方面影响公司：一方面，不及时充分披露信息会产生针对管理层的法律诉讼，这就迫使公司管理层增加自愿性披露，所以规模越大的公司，其高管层进行自愿性披露的意愿也会越高，就会导致公司规模与公司自愿性披露间存在显著正相关关系；另一方面，诉讼同时又会潜在地降低管理层进行披露的积极性，尤其是关于前瞻性信息披露的积极性，因为这类信息会给公司带来因意外的预测偏差而产生的诉讼风险——一旦披露的信息有误，公司可能还要承担诉讼成本（Paul M. Healy and Krishna G. Palepu，2001）。因此，公司在进行自愿性信息披露时，是否披露更多信息必须以成本—收益分析为基础，选择最佳的披露内容和时机,尽量降低可能在未来出现的风险。从政治成本方面来说,大公司进行自愿性披露存在着降低政治成本的动机,因为进行自愿性披露有助于公司缓和来自外部的批评。虽然切入点不同,但大部分理论研究的结论基本相同,即公司规模越大,其进行自愿性披露的水平也越高。

其次,较高的负债水平会增加公司的代理成本,资产负债率也是影响公司自愿性披露的因素(Lang Mark and Lundholm Russell,1993)。自愿性信息披露可以帮助债权方更好地了解公司的状况,帮助公司获得债务融资。所以自愿性披露与财务杠杆间存在着显著的正相关关系,Ahmed(1999)对此也表示认同。但学术界并未形成统一的认识,有学者则提出不同意见,Meek等(1995)对美国、英国及许多欧洲国家研究后发现两者间存在负相关关系。

最后,公司所处行业也会影响公司的自愿性信息披露(Jason D. Mitchell,Chris W. L. Chia and Andrew,1995)。例如,高科技公司更倾向于对公司的收益进行自愿性信息披露,因为此类公司会产生较大的诉讼风险,为降低诉讼风险,高科技公司就会提高自愿性信息披露的水平(Haven West,Cairney Timothy and Pantzalis Christos,2002)。另外,行业的竞争性也会影响该行业公司进行披露的水平。例如,竞争水平较差的公司,为了降低其竞争劣势成本(proprietary costs),也倾向于增加披露内容(Robert E. Verrecchia,1983)。

10.2.2 内部治理

Williamson(1981)可以说是最早对披露与公司治理关系进行研究的学者(L. L. Eng and Y. T. Mak,2003),他通过交易成本分析构建出公司治理与信息披露质量的结构框架,之后越来越多的学者开始从公司治理的角度对公司的自愿性信息披露进行研究。

首先,公司所有权结构会影响公司的自愿性信息披露——所有权集中度与公司的自愿性信息披露水平间存在着显著的负相关关系。当所有权与经营权分离时,委托代理问题就会出现。公司的所有权越分散,委托方与代理方的矛盾就越尖锐,公司的代理成本也就越高。为了弱化两者间的矛盾分歧,股东会迫使管理层提高信息披露水平,以维护其利益最大化。因此,在股权分散的公司,股东倾向于激励高管层进行自愿性信息披露,以便获得更多的信息进行判断,保证自己的利益最大化。所以公司的股权越分散,公司的自愿性披露水平越高(Gerald K. Chau and Sidney J. Gray,2002)。另外,随着机构投资者的出现和发展,机构投资者也成为影响公司治理结构的重要因素——公司的机构投资者持股越多,公司进行自愿性信息披露的水平也越高(Elgazzar Samir,1998)。

其次,董事会有解决委托—代理问题的一个有效的内部治理机制。董事会构成、董事会独立性等都会影响公司的自愿性信息披露。董事会构成与上市公司年报中的自愿性信息披露内容有显著正相关关系(S. Lim,Z. Matolcsy and D. Chow,2007)。从风险角度考虑,自愿性信息披露有利于将公司的风险降低到适当水平,所以董事会的独立性越强,公司自愿性披露的信息也越多。从声誉机制角度考虑,独立董事为了维护其声誉也倾向于进行自愿性信息披露(S. Lim,Z. Matolcsy and D. Chow,2007)。

最后,高管层的偏好也会影响公司的自愿性信息披露。一方面,乐于进行股票交易的高管层可以通过信息披露增加公司股票在资本市场上的流动性,以此来满足内部交易规则的要求(Paul M. Healy and Krishna,2001);另一方面,根据管理人才信号假说,管理者更倾向于披露好的消息——旨在将自己与其他管理者进行区分,从而向外界传递其不同于其他管理者的信号,即能干的管理者喜欢通过自愿性信息披露展现其风格以区别于其他的管理人员。

10.2.3 外部治理

首先,公司进行自愿性信息披露时,会考虑竞争对手对信息的反应——公司竞争对手可能利用这些信息增加其优势,从而造成对本公司产品市场竞争地位的负面影响。因此,公司不愿意披露可能会损害其竞争地位的信息,如产品开发信息等,尤其是涉及竞争本质的内容,一旦披露不当可能就会为此付出高昂的代价。

其次,文化的差异也会影响公司的自愿性信息披露。Gerald K. Chau 和

Sidney J. Gray（2002）发现，现有研究中上市公司的股权结构和自愿性信息披露的关系研究大部分以美国、英国和欧洲国家的公司为样本，对亚洲公司的研究相对较少。他们以新加坡等的上市公司为研究对象，研究了特定文化下公司外部所有权结构与公司自愿性信息披露的关系，结果发现，两者间存在着正相关关系。与欧美国家不同，新加坡等的公司的文化环境并不鼓励提高自愿性信息披露。在新加坡等亚洲国家和地区上市公司往往由家族控制，家族成员占据着较多的管理层职位，并持有公司较高比例的股份。这些社会以华人为主体，集权较高，权利差距较大，具有较强的不确定性。这种文化特质使公司的自愿性信息披露水平低于英美市场。

10.3 企业社会责任信息披露应注意问题

社会责任信息包括环境问题类、员工问题类、社区问题类、一般社会问题类、消费者类、其他类六个方面（李正、向锐，2007）。对于公司而言，实现环境管理、履行环境责任已经成为其参与社会、服务社会的必然要求。

在实践中，需要注意以下几个方面：

首先，信息的对称程度由信息披露的及时性和充分性所决定，其作用一方面可以协调投资者与公司管理层的认知差距，另一方面可以协调不同投资者间的认知差距。披露的内容不仅仅涉及公司的经营运作和财务绩效，还应该包括公司治理实践，其中包括所有权结构、董事会建设、管理层结构和运作过程等。这是影响吸引投资者的一个重要因素，也是公司治理的一个重要因素。

其次，公司通过社会责任信息披露降低公司与利益相关者之间的信息不对称，既可以降低自身的诉讼风险也可以稳定、吸引投资者，赢得其他利益相关者的信任。但是，信息披露的时间选择以及披露内容的选择将会影响到公司目标的实现。因此，公司在进行企业社会责任信息披露时，首先要考虑披露的时间选择，尽量在最恰当的时机将相关信息披露出去，尽可能减少来自市场的负面影响；同时，在进行信息披露内容的选择时，既要考虑到对利益相关者的充分保护，也要考虑到本公司的利益以降低来自股东的诉讼风险，以及来自市场的竞争成本及风险。

总之，通过企业社会责任信息披露，公司可以有效地将公司履行社会责任信息提供给公众，建立起公司与外部的关系桥梁，帮助资本市场和投资者等不同利益相关者正确认识和评价公司。这些实践活动不仅仅涉及披露信息内容的增加，还包括信息传递渠道的改善等内涵。

10.4 企业社会责任报告：企业社会责任沟通的重要工具

CSR 报告传统上是自愿的，近些年，世界各地的政府和证券交易所正越来越多地实施强制性报告要求。企业社会责任报告有助于将系统的方法引入对社会负责活动的管理中，识别未来的风险和机会，从而有助于提高企业的竞争力，保持长期企业风险的可能性。信息不仅为公司服务，而且在此基础上企业可以部分地创造不同类型的利益相关者的决策过程。

企业社会责任报告通常涉及披露公司的经济、环境、社会和治理业绩。企业社会责任披露可以帮助投资者评估潜在的环境和社会公司的负债，吸引具有社会意识的消费者和投资者（Hong and Kacperczyk, 2009）。企业社会责任披露也是一种与利益相关者和投资者沟通的重要方式。

CSR 报告是一种以适当的形式向各种利益相关者展示、解释和表达其 CSR 履行相关信息的一种方式。在众多沟通方式中，企业社会责任报告正日益成为企业披露其在环境保护、节能、劳动条件等与财务绩效没有直接关系的经营活动方面行为的广泛工具，不仅涉及经济数据，而且还涉及环境和社会领域的资料，其已经成为企业社会责任沟通的工具。企业社会责任报告是自愿的综合性报告，这些报告讲述了公司在环境、可持续性方面的政策，或者是直接关注于履行公司在社会责任概念下所接受的承诺。

企业通过适当的沟通工具告知客户企业社会责任活动是非常重要的。这些报告应该展示公司在环境、可持续性方面的政策，或者直接关注企业社会责任概念下的义务领域。以这种方式与公众进行沟通，已成为一件关乎良好声誉、威望、展示效率和管理意识的事情（Franc, 2006）。企业社会责任报告是一种有价值的方式，管理者可以借此向投资者传达他们的可信度，并向他们传达公司未来发展前景的私人信息。

CSR 报告可以提高企业社会责任意识，降低企业与利益相关者之间的信息不对称，进而提高企业透明度。同时，CSR 报告也是一种加强利益相关者参与的方式，可以加强利益相关者对公司决策的参与，并对公司进行监督。

企业社会责任报告是企业将其经济活动所产生的社会和环境影响进行披露的过程（Gray，2005）。企业社会责任报告可以帮助企业对社会责任活动进行系统管理，识别未来的风险和机会，从而有助于提高企业的竞争力，并保持正确的长期商业风险。

10.4.1 CSR 报告须满足的要求

高质量的企业社会责任报告必须满足以下要求（Pavlik and Belcik，2010）：

（1）可信性。报告的可信性可由最高管理层的承诺、公司政策的描述和人员职责的介绍、数据收集方法和目标来支持。可信度还受到关键利益相关者参与程度的影响，并通过独立的第三方验证得以提高。

（2）完整性。企业社会责任报告应包括在该国的所有业务，并充分告知组织对社会和环境影响的主要领域。

（3）重要性。公司应尽量使用定量和定性指标来评估其社会责任。

（4）适当的格式。报告的格式起着重要的作用，且报告是否清晰、篇幅是否够长（Pavlik and Belcik，2010）。

10.4.2 CSR 报告应涉及的内容

根据 Katarina Moravcikova 等（2015）研究，高质量的企业社会责任报告必须涉及以下内容：

（1）企业环境。介绍企业所处的环境有助于正确理解企业社会责任报告，重点涉及公司高层管理人员的承诺和公司概况，具体内容详见表 10-2。

表 10-2　　　　　　　　　　　企业环境说明

项目	内容	具体说明
公司简介	一般信息	产品和服务，地理位置，行业，市场份额
	财务业绩	销售收入，税后收益
	人力资源	人员、组织结构
高级管理层的承诺	措辞	管理层对关键部分和结过的描述和评估
	对 CSR 的界定	自己界定或超越对企业社会责任的理解
	业务一致性	社会责任履行与公司的价值观、原则和行为准则的关系
	总结报告	汇总对经济、环境和社会的整体影响
	下一年的目标	公司想要达到的目标和进行哪些 CSR 活动

（2）社会责任管理。企业社会责任目标的成功实现取决于所选择的战略、公司治理的有效性和利益相关者的参与程度（见表 10-3）。

表 10-3　　　　　　　　　　　社会责任管理

项目	内容	具体说明
战略	企业社会责任作为企业战略的一部分	企业社会责任战略与企业总体战略之间的关系
	企业社会责任优先事项	确定企业社会责任优先事项和相关活动
	企业社会责任的收益	收益的识别
公司治理	编制企业社会责任	企业社会责任实施中的组织结构和人员职责
	企业社会责任管理	企业社会责任的管理系统描述
利益相关者的参与	主要利益相关者	利益相关者参与的步骤说明
	跨部门合作	与非商业实体的商业伙伴关系信息

（3）公司业绩。报告的实质是对企业社会责任中公司业绩的描述。公司提供有关过程、公司产品和服务对市场、工作环境、当地社区和环境影响的定量和定性信息。测量的结果将为其他同类公司或者公司未来目标设定提供借鉴。

（4）报告创建。创建的报告应包括报告的范围、报告编制方法、验证单位、指标清单、反馈渠道和补充资料等内容，具体详见表 10-4。

表 10-4　　　　　　　　　　　　报考创建

项目	内容
报告的范围	报告中的时间周期和业务单位的计算
方法	报告编制中使用的标准或方法的说明
验证单位	由独立第三方进行验证
指标清单	已公布指标的登记册及其选择理由
反馈渠道	读者可就企业社会责任报告或表现发表意见
补充资料	有关公司活动的补充资料来源（网站、年报）

第 11 章

企业社会责任治理准则及指南

为了应对商业和社会环境出现的前所未有的变化，企业社会责任已经成为一个重要的治理手段。近年来，世界各地的企业纷纷推出企业社会责任指南或准则，各种企业社会责任报告也大量涌现，BITC、Econsense、Aderse 等网络的发展、利益相关者对话、欧盟报告等更是为企业企业社会责任治理提供大量参考。要想实现企业社会责任治理优化，企业现在必须将企业社会责任应用到组织实践中。

根据研究（OECD，1999；Urminsky，2000），与企业社会责任标准化相关的倡议（根据定义、术语或使用范围的不同）可能超过 300 项。企业社会责任的标准化虽然是一个比较新的现象，但是一般的标准准则已经存在了很长时间，并且在当今社会被广泛接受。早期的《Caux 商业圆桌会议原则》《经合组织跨国企业准则》和劳工组织的《基本原则和工作权利》，以及近些年发布的 SA8000、AA1000、ISO14001、全球报告倡议、联合国全球契约和 SIGMA 等都对企业社会责任治理指南有一定的提及。

可见，所有社会运动的趋势都是通过制定指南和准则一步步实现标准化和管理的专业化。企业社会责任作为一项社会运动的发展也不例外，但它的难度在于，其涉及机构和个人组织的复杂发展，是一个动态的多方博弈过程。从这个意义上说，是将企业嵌入外部机构中，这些机构是由单个组织的企业社会责任实践和承诺组成和派生的。这种协同嵌入使企业社会责任成为一种社会行动，正在塑造或试图塑造主流商业机构，并反过来也被商业机构所影响。

特别是 20 世纪末，安然（Enron）和世通（WorldCom）等公司的治理丑闻进一步加速了企业社会责任治理的发展和演变。当时，全球企业治理的特点之一是缺乏普遍规则或标准。20世纪末的公司治理丑闻引发了企业高管层和监管机构对责任和透明度的担忧，随着股东维权主义的日益高涨、社会对企业角色预期的不断变化以及资本市场的全球化，造成一系列治理原则和行为准则在丑闻之后快速发展。

11.1 常见的规范性原则及指引

国际上常见的社会责任行为指导的主要文件有：《经合组织跨国企业准则》、《经合组织公司治理原则》、《国际劳工组织基本原则和工作权利宣言》（1998年）、《国际劳工组织关于工作中基本原则和权利宣言》（1977年，2000年修订）、联合国"全球契约"（2000年）、《全球苏利文原则》(*The Global Sullivan Principles*)、《2002年全球报告倡议可持续性报告准则》、《社会责任指南标准（ISO26000）》等。

《经合组织跨国企业准则》（以下简称《准则》）是各国政府向在加入国境内或是以加入国为总部开展业务的跨国企业提出的建议。这些准则提出了在全球背景下开展负责任的商业行为，并且符合适用法律及国际公认标准的自愿原则和标准。《准则》是唯一经过多边商定，并且各国政府承诺推广的综合性负责任商业行为守则，其中涉及关于跨国企业的企业社会责任履行指导。OECD跨国企业指南认为，环境和健全的环境管理是可持续发展的一个重要组成部分，环境管理既是一种企业责任，也是一种商业机会，而跨国公司在两者中都发挥着一定的作用。此外，《准则》认为，企业应该促进经济发展、环境保护和社会进步，以期实现可持续发展；与包括商界在内的当地社区密切合作，在国内与国际市场开展符合合理商业做法的企业活动，从而鼓励当地的能力建设工作；尊重受到企业活动影响的个人的国际公认的人权；鼓励人力资本的发展，特别是通过创造就业机会和为雇员接受培训提供便利；避免寻求或接受与人权、环境、卫生、安全、劳工、税收、财政鼓励办法或其他问题有关的法律或制度框架没有规定的豁免待遇等。经合组织在跨国公司指南中建议：企业管理层应该对其企业经营战略和日常运营范畴内的环保事件给予一定的关注，该指南被认为是世界上最为重要的公司自律行为规范之一，包括10个章节，内容涵盖了大多数公司行为。

1999年，经合组织成员国的部长们签署了《经合组织公司治理原则》（以下简称《原则》）。自1999年发布以来，该《原则》作为良好公司治理的国际基准获得了世界范围的承认。2002年，经合组织开始对该《原则》进行修订，于2004年修订完成并发布。该原则旨在提供一套非强制性的准则、好的惯例以及实施指南，能适应单个国家和地区的具体环境。公司治理涉及公司的管理层、董事会、股东及其他利益相关者之间一系列的关系，通过公司所追求的目标、实现这些目标的手段以及监督这些目标的绩效为公司的运作提供了一套机制。良好的公司治理为董事会和管理层提供恰当的激励机制去追求符合公司和股东利益的目标，并能够发挥有效的监督作用并更好地利用公司的资源。《原则》认为，公司治理只是公司运行大环境的一部分，其中还包括宏观经济政策、产品和要素市场的竞争程度等。公司治理框架还依赖法律、管理和制度环境。除此之外，诸如商业道德、公司对社区公共利益和环境等也能够影响公司的声誉和公司的长远生存。

全球苏利文原则（The Global Sullivan Principles）建立于1977年，主要是呼吁企业应遵从法律及负责任，并将原则长期性整合到企业内部的经营策略上，其主要的9个原则为：

（1）维护全球人权（特别是员工）、小区、团体、商业伙伴。

（2）员工均有平等机会，不分肤色、种族、性别、年龄、族群及宗教信仰；不可剥削儿童、生理惩罚、凌虐女性、强迫性劳役及其他形式的虐待事项。

（3）尊重员工结社的意愿。

（4）除了基本需求外，更提升员工的技术及能力，提高他们的社会及经济地位。

（5）建立安全和健康的职场，维护人体健康及环境保护，提倡永续发展。

（6）提倡公平交易如尊重智能财产权、杜绝贿金。

（7）参与政府及小区活动以提升这些小区的生活质量，如通过教育、文化、经济及社会活动，并给予社会不幸人士训练及工作机会。

（8）将原则完全融合到企业各种营运层面。

（9）实施透明化，并向外提供信息。

《2002年全球报告倡议可持续性报告准则》是广泛接受的可持续性报告自愿报告标准。GRI 是一个独立的机构，其中包括来自世界各地的商业、会计、投资、环境、人权和劳工组织的代表。其中包括 AA1000 保险标准和关于保险业务的国际标准（ISAE3000）。

《联合国全球契约》是最大的自愿全球治理倡议，旨在解决跨国公司的社会和生态责任。1999 年 1 月在达沃斯世界经济论坛年会上，联合国秘书长科菲·安南提出"全球契约"计划，并于 2000 年 7 月在联合国总部正式启动。科菲·安南的意图是与商界展开对话，推动联合国发挥更积极的作用，将商界视为解决方案的一部分。"全球契约"是在经济全球化的背景下提出的，强调的是企业的社会责任。这些基本原则来自《世界人权宣言》、国际劳工组织的《关于工作中的基本原则和权利宣言》以及关于环境和发展的《里约原则》。《联合国全球契约》是一项自愿倡议，有两个主要目标：（1）将十项原则纳入全球商业活动的主流；（2）促进支持联合国目标的行动。十项原则亦是各签署成员周年报告的基础。自 2000 年成立以来，参与人数不断增加。此外，它促进负责任的公民意识，使企业能够成为解决全球化挑战的一部分。然而，必须指出的是，契约并不是一种监管工具，也就是说，它不是警察、执法或衡量企业行为的工具。相反，它依赖于公共责任、透明度和公司的自身利益。"全球契约"要求各企业在各自的影响范围内遵守、支持以及实施一套在人权、劳工标准、环境及反贪污方面的十项基本原则，详见表 11-1 和表 11-2。

表 11-1　　　　　　　　　　《全球契约》内容

类别	内容
人权方面	（1）企业应该尊重和维护国际公认的各项人权
	（2）绝不参与任何漠视与践踏人权的行为
劳工标准	（3）企业应该维护结社自由，承认劳资集体谈判的权利
	（4）彻底消除各种形式的强制性劳动
	（5）消除童工
	（6）杜绝任何在用工与行业方面的歧视行为

续表

类别	内容
环境方面	（7）企业应对环境挑战未雨绸缪 （8）主动增加对环保所承担的责任 （9）鼓励无害环境技术的发展与推广
反贪污	（10）企业应反对各种形式的贪污，包括敲诈、勒索和行贿受贿

资料来源：《联合国全球契约》。

表 11-2　　　　　　　　《联合国全球契约》的理论观点

视角	理论	主要焦点	目的和假设	发展机遇
经济	企业经济理论 委托代理理论	有效性	致力于加强/规管企业社会责任参与，向市场传达企业社会责任。 决策应该保证透明度和合规性。 合规性不足将导致了逆向选择、道德风险等问题	可以引入更严格的合规和监控体系，并提高签署国履行社会责任的透明度
社会历史	学习与发展理论制度理论	合法性和有效性	提供了一个学习和发展企业社会责任的平台。 治理结构是联合国与企业关系的历史发展。 较低的进入壁垒和较低的监控使企业能够学习企业社会责任	联合国政府间气候变化专门委员会可以加强缔约方会议报告的有效性，以确保透明度，使其能够随时间跟踪参与者的学习和发展
标准	伦理理论 政治理论	合法性	就普遍的道德规范达成共识。十项原则是迈向这种全球公认准则的重要一步。 是一项倡议，为国际组织、国家政府、私人和公共行动者之间的审议性政治进程提供了可能性。它为对话和伙伴关系项目提供了一个平台	为交流和对话创造更多的可能性，应该尝试更好地整合不同的网络和项目

资料来源：Christian Voegtlin, Nicola Manuela Pless. Global Governance: CSR and the Role of the UN Global Compact [J]. Journal of Business Ethics, 2014, 122 (2): 179-191.

社会责任指南标准（ISO26000）由国际标准化组织（ISO）2010年11月1日在瑞士日内瓦国际会议中心发布。该组织从2001年开始着手进行社会责任国际标准的可行性研究和论证。2004年6月最终决定开发适用于包括政府在内的所有社会组织的"社会责任"国际标准化组织指南标准，由 54 个国家和 24 个国际组织参与制定，编号为 ISO26000，是在 ISO9000 和 ISO14000 之后制定的最新标准体系，该标准为企业提供了将社会责任融入组织的可操作性建议和工具（详见表 11 - 3）。

表 11 - 3　　　　　　　　ISO26000 核心主题及议题

核心主题	议题
组织治理	
人权	议题 1：尽责审查 议题 2：人权风险状况 议题 3：避免同谋 议题 4：处理申诉 议题 5：歧视和弱势群体 议题 6：公民权利和政治权利 议题 7：经济、社会和文化权利 议题 8：工作中的基本原则和权利
劳工实践	议题 1：就业和雇用关系 议题 2：工作条件和社会保护 议题 3：社会对话 议题 4：工作中的健康与安全 议题 5：工作场所中人的发展与培训
环境	议题 1：防止污染 议题 2：资源可持续利用 议题 3：减缓并适应气候变化 议题 4：环境保护、生物多样性和自然栖息地恢复
公平运行实践	议题 1：反腐败 议题 2：负责任的政治参与 议题 3：公平竞争 议题 4：在价值链中促进社会责任 议题 5：尊重产权
消费者问题	议题 1：公平营销、真实公正的信息和公平的合同实践 议题 2：保护消费者健康与安全 议题 3：可持续消费 议题 4：消费者服务、支持和投诉及争议处理 议题 5：消费者信息保护与隐私 议题 6：基本服务获取 议题 7：教育和意识

续表

核心主题	议题
社区参与和发展	议题1：社区参与 议题2：教育和文化 议题3：就业创造和技能开发 议题4：技术开发与获取 议题5：财富与收入创造 议题6：健康 议题7：社会投资

资料来源：ISO26000《社会责任指南》。

11.2 指南举例

11.2.1 加拿大商务社会责任协会的企业社会责任治理指南

加拿大商务社会责任协会（CBSR）及其成员公司，在与董事会成员和高级管理层代表进行探讨的基础上提出了企业社会责任指南，对全球企业社会责任治理实践提供了指导。该企业社会责任治理指南包括三个组成部分：（1）制订"评估工具"或评价指标，帮助董事会确定当前的实践情况以及存在不足；（2）帮助董事会制定企业社会责任治理框架或方法的"阶段性方法"或路线图，包括企业社会责任委员会的建议职权范围；（3）制订"高级管理层的企业社会责任问题"让董事了解企业的企业社会责任管理方法。

11.2.1.1 制定企业社会责任对照表

在制订企业社会责任对照表前，首先要明确企业社会责任涉及的维度，即公司的环境、社会和经济绩效以及利益相关者，然后根据该维度选择并定制对照表。在具体实施中，一些董事会往往采取"嵌入式"方法，并将企业社会责任整合到其公司治理中，也有一些董事会倾向于将企业社会责任的职责分配到董事会的某个委员会中，无论采取哪种方法，董事会都将企业社会责任视为公司战略和风险管理的重要组成部分（见表11-4）。

表 11-4　　　　　　　　　　企业社会责任实施对照

要素	指南	评价					备注
		是	没有	局部	进行中	不知道	有关说明
1. 愿景和战略 领导委员会表明他们对企业社会责任的承诺,并确保将其纳入企业的愿景和战略	1.1 董事会和管理层是否达成一致并传达了对企业社会责任的明确承诺?	-	-	-	-	-	-
	1.2 董事会和管理层是否共享企业社会责任的共同定义,因为它与公司,行业和更广泛的社会趋势有关?	-	-	-	-	-	-
	1.3 董事会是否对公司的企业社会责任业务案例有了共识?	-	-	-	-	-	-
	1.4 董事会和管理层是否为公司制定了企业社会责任愿景?	-	-	-	-	-	-
	1.5 企业社会责任是否融入了公司的使命,愿景和价值观?	-	-	-	-	-	-
	1.6 公司的行为准则/道德规范是否包含企业社会责任?	-	-	-	-	-	-
	1.7 董事会是否了解行业特有的企业社会责任问题?	-	-	-	-	-	-
	1.8 在制定公司业务战略时是否考虑了重要的企业社会责任问题?	-	-	-	-	-	-
	1.9 企业社会责任目标是否纳入公司的业务计划/战略?	-	-	-	-	-	-
2. 监督和问责制 领导委员会对企业社会责任负责	2.1 是否有一个负责企业社会责任的委员会(例如企业社会责任,审计或治理委员会)?	-	-	-	-	-	
	2.2 是否有指定的企业社会责任官员与董事会有报告关系?	-	-	-	-	-	
	2.3 公司是否有董事会批准的企业社会责任政策(独立政策或纳入其他政策)?	-	-	-	-	-	

续表

要素	指南	评价					备注
		是	没有	局部	进行中	不知道	有关说明
2. 监督和问责制 领导委员会对企业社会责任负责	2.4 董事会是否定期审查公司绩效与企业社会责任目标，目标和目标的进展情况？	—	—	—	—	—	—
	2.5 管理层的薪酬是否与企业社会责任目标和目标的绩效挂钩？	—	—	—	—	—	—
	2.6 企业社会责任是否包括在CEO招聘中？	—	—	—	—	—	—
3. 风险识别和管理 领导委员会将企业社会责任风险纳入企业风险管理	3.1 公司的企业风险管理计划是否考虑了重大的企业社会责任风险？	—	—	—	—	—	—
	3.2 在批准重大决策（包括合并和剥离）时，是否考虑了企业社会责任影响，问题和机遇？	—	—	—	—	—	—
	3.3 董事会是否有办法确定其决策对企业社会责任的影响？	—	—	—	—	—	—
	3.4 董事会是否审查自己的做法以减少董事会会议的社会和环境影响？	—	—	—	—	—	—
	3.5 董事会是否收到有关利益相关方问题和企业社会责任相关问题的未经过滤的信息，以便为风险管理提供信息？	—	—	—	—	—	—
	3.6 董事会是否已采取措施评估公司在整个公司及其供应链中遵守公司企业社会责任承诺的程度？	—	—	—	—	—	—
	3.7 内部审计流程是否包括跨公司遵守企业社会责任承诺？	—	—	—	—	—	—

续表

要素	指南	评价					备注
		是	没有	局部	进行中	不知道	有关说明
4. 董事会组成和专业知识 领导委员会负责监督物质企业社会责任问题	4.1 董事会的组成是否反映了市场的文化和性别多样性？	—	—	—	—	—	—
	4.2 提名委员会是否将企业社会责任技能，知识和经验作为董事招聘的一个因素？	—	—	—	—	—	—
	4.3 提名委员会是否考虑在董事招聘中公司和个人企业社会责任价值观的一致性？	—	—	—	—	—	—
	4.4 新的董事定位流程是否包括对公司的企业社会责任承诺和目标的审查？	—	—	—	—	—	—
	4.5 企业社会责任教育是否作为其持续发展的一部分提供给董事？	—	—	—	—	—	—
	4.6 企业社会责任能力是否包含在董事会评估流程中？	—	—	—	—	—	—
5. 外部披露 领导委员会定期披露有关公司企业社会责任表现的信息	5.1 董事会是否为管理层对公司外部报告中包含的重大企业社会责任问题的评估提供了投入？	—	—	—	—	—	—
	5.2 董事会是否审查并批准符合强制披露要求（即MD&A，证券报告，政府备案）的企业社会责任问题的外部报告？	—	—	—	—	—	—
	5.3 董事会是否批准企业社会责任报告作为公司企业社会责任绩效的记录，以便向利益相关者披露？	—	—	—	—	—	—
	5.4 企业社会责任向利益相关方报告是否包含主席致辞？	—	—	—	—	—	—

资料来源："The Role of the Board of Directors in CSR", Conference Board of Canada report authored by Coro Strandberg, Strandberg Consulting, 2008.

表 11-4 主要用于对董事会和高管层进行测试。通过该表，董事会可以了解公司当前的企业社会责任治理方法，以及与最佳实践之间的差距，进而指导今后的企业社会责任治理工作。

11.2.1.2 绘制企业社会责任治理路线图

在对公司的企业社会责任治理现状有了充分的认识和评估之后，对公司企业社会责任的现状与最佳实践进行比较，确定未来的工作重点，制订企业社会责任治理"行动计划"，并绘制与公司相匹配的企业社会责任治理路线图。根据评估结果以及董事会优先级的差异，绘制路线图可以分为两个阶段，如表 11-5 所示。

第一阶段：董事会在正式确定企业社会责任管理职责初期所采取的典型步骤。

第二阶段：领导委员会采用的"下一级机会"，以进一步将企业社会责任纳入其治理角色。

表 11-5　　　　　　　　　各阶段内容说明

序号	内容	说　　明
第一阶段	确认所需的企业社会责任方法，并将公司的使命和价值观融入其中	与董事会和高级管理层进行商谈，明确企业社会责任的含义、企业社会责任的业务价值、企业社会责任的愿景并达成一致，将商讨结果落实到董事会级企业社会责任策略文件中
	任命企业社会责任委员会	在原有的委员会内或在新设的委员会中进行企业社会责任授权，明确企业社会责任委员会职权范围
	对董事会进行培训，使其了解企业社会责任的风险和机遇	将企业社会责任纳入新董事培训，并长期进行董事会培训。确保董事会拥有足够的企业社会责任专业知识和知识，以做出明智的决策。确保董事会定期培训企业社会责任风险和机遇事宜，保证有足够的企业社会责任专业知识进行科学决策
	监督企业社会责任战略和企业风险管理	确保将企业社会责任目标纳入计划和战略，包括社会和环境方面在风险识别、管理和监控的考虑
	在批准重大业务决策时考虑企业社会责任	在重大决策中考虑企业社会责任风险、机会和影响，包括收购、合并、商业伙伴关系和资产剥离
	对企业社会责任信息披露进行审查	与内外部利益相关者进行沟通，审核和批准企业社会责任报告，确保企业社会责任披露涵盖重大风险并符合企业社会责任报告标准

第 11 章 企业社会责任治理准则及指南

续表

序号	内容	说　　明
第二阶段	确保有效的企业社会责任管理体系	确保存在支持企业社会责任的策略、流程和数据系统，并确保企业社会责任指导跨业务单元和地理区域的决策。将企业社会责任纳入公司行为守则/道德准则，就企业社会责任作为决策因素的重要性和作用，提供全面的指引
	为利益相关者提供正式的参与机制	确保建立机制，保证董事会对利益相关者的意见进行审议
	将企业社会责任因素纳入董事和首席执行官招聘	明确将 CSB 包括在董事招聘中，如董事多样性、价值观一致性以及 SSR 问题/管理方面的知识或专业知识。在招聘新 CEO 时，确保对候选人的企业社会责任能力和价值观进行评估
	奖励履行企业社会责任的高管	将非财务目标纳入高管薪酬，确保公司的绩效管理
	董事会以身作则	审查董事会自身的运营情况，保证董事会运作符合企业社会责任要求，如董事会成员出差产生的排放、绿色会议程序、绿色住宿等
	确保企业社会责任治理实践不断改进	将企业社会责任纳入年度董事会评估，进行同行评审以确定新兴的企业社会责任治理因素并及时了解最佳实践

资料来源："The Role of the Board of Directors in CSR", Conference Board of Canada report authored by Coro Strandberg, Strandberg Consulting, 2008.

第一阶段包括六个方面内容，依次为确认所需的企业社会责任方法，并融入公司的使命和价值观、任命企业社会责任委员会、对董事会进行培训，使其了解企业社会责任的风险和机遇、监督企业社会责任战略和企业风险管理、在批准重大业务决策时考虑企业社会责任、对企业社会责任信息披露进行审查（见表 11-6）。

表 11-6　　　　　　　企业社会责任委员会职权范围

内容	说　　明
政策	审核并推荐企业社会责任政策（包括行为准则）和管理体系；监督政策、承诺和法规的执行情况
战略	检讨/建议企业社会责任战略及计划；向管理层明确目标并提供指标；就企业社会责任的表现/进展提供监督和指导

续表

内容	说　　明
趋势	针对可能影响公司的公共政策、消费者、供应链、利益相关者、环境、公司和公众的趋势、问题和发展提供建议
风险管理	监督企业社会责任风险和机会管理计划；对企业社会责任问题识别和管理的有效性进行审查
利益相关者参与	审查利益相关者关系；考虑让利益相关者直接参与委员会审议
企业社会责任报告	确定企业社会责任报告的总体范围，提供意见，并建议董事会采纳企业社会责任报告
企业社会责任评估	对影响企业社会责任的重大业务决策进行审查并提出建议

资料来源："The Role of the Board of Directors in CSR", Conference Board of Canada report authored by Coro Strandberg, Strandberg Consulting, 2008.

11.2.1.3　高级管理人员的企业社会责任问题

以下是董事可以向高级管理层提出的建议问题，以了解企业社会责任在多大程度上融入了公司的管理、运营和决策。它们可能有助于董事在日常议程业务项目的背景下提高企业社会责任，并补充企业社会责任治理评估工具。

（1）企业风险管理：在我们的运作中，社会和环境的风险和机会在多大程度上被识别、量化和管理在我们的供应链中？

（2）企业社会责任趋势：影响我们长期成功的关键社会和环境问题是什么？我们的竞争对手在企业社会责任方面做了什么？他们如何从这种方法中获益？

（3）利益相关者感知：在我们的行业中，利益相关者对公司的期望是什么？我们是否被认为达到了这些期望？如果我们不这样做，会有什么风险？

（4）决策影响：我们是否考虑过该决策的社会或环境影响？这一决定是否符合我们的社会责任承诺？

（5）金融投资：我们的投资/资产管理政策是否包含环境、社会和治理因素？

（6）营运：我们有否利用机会减少对环境的影响，以提高营运效率及节省成本？

（7）产品和服务：我们的产品和服务是否促进社会或环境效益？我们的产品从设计、生产到使用和处理的整个生命周期是否存在需要管理的社会或环境风险？

（8）人力资源：我们的人力资源战略是否反映了企业社会责任？例如，QSR 是否被纳入员工培训和补偿中？

（9）影响评估：我们如何评估本业务领域的社会/环境影响？

（10）集成：如何将社会和环境事务的管理集成到我们的核心业务流程中，如性能管理、内部保证和业务规划？

（11）品牌和市场开发：我们的公司和产品品牌是否包含符合客户价值观的可持续发展特征？这如何帮助我们提高市场份额？

11.2.2 英国保险人协会（ABI）和英国银行业者协会（BBA）制定的企业社会责任治理准则

英国保险人协会（ABI）和英国银行业者协会（BBA）制定了良好企业社会责任治理的 7 条原则，制订初衷是为银行、保险公司和资产管理公司设计的，现已广泛用于任何行业（见表 11-7）。

表 11-7　　　　　　　　　企业社会责任治理准则内容

准则	注　解
自有	对企业社会责任治理结构进行定义、明确权利和责任，包括董事会和执行层的所有权，以及集团核心职能和业务单位内部的高级管理责任，并考虑审计委员会和其他执行委员会的作用
外部披露	治理安排应包括接受相关利益相关者外部投入的机制，对外部意见进行反馈
内部	所有级别的管理人员和工作人员，包括董事会和执行人员，都应在企业社会责任治理方面发挥作用……政府的监管亦应全面考虑企业社会责任的影响/风险
网络化	针对个别企业社会责任问题的治理安排应充分贯穿整个公司……整合应由公司高层通过公司战略和政策推动
平衡	企业社会责任应实现与其他项目的优先级和程序的平衡
发展性	治理安排应该能够被与预测，同时与优先性及期望变化有适当地响应
问责制	需要通过已建立的绩效审查流程来定义和积极实施问责制

ABI 及 BBA 指引就全面负责企业社会责任管治计划的结构及系统组成部分,提出了一个架构(见表11-8)。

表11-8　　　　　　　　企业社会责任治理实践/框架

框架构成要素	关键的角色/职责
董事发起人/责任人	全面负责企业社会责任履行,集团的战略及政策承诺交付
集团企业社会责任经理或主管	监督和协调企业社会责任管理和报告程序
企业社会责任委员会	企业社会责任策略及政策发展智库,以及企业社会责任经理/董事咨询论坛。委员会最好由负相关责任的董事会员/执行发起人担任主席
系统	
流程要素	关键细节
公司价值观/原则的声明	明确定义公司的核心价值观,为所有政策、流程和行为提供支持
包含管理和绩效目标的政策	包含显示持续改善意向的企业社会责任的愿景和目标
责任和职责	为治理结构的每个功能要素定义、作用、特定的职责和责任

第 12 章

企业社会责任治理的未来：
全球治理

从 20 世纪到 21 世纪，经济全球化浪潮日益加剧，从国家工业社会进入全球知识社会，从国家商业逻辑迈向全球商业逻辑。商业、政府和社会间的经济稳定性、经济发展以及社会契约都在其影响下发生了巨变。经济和社会转型一直都是发展的主题，而新的社会结构则在经济的发展变革中形成。政治格局的变化、企业经营压力的多元化和生态环境的恶化将企业对其社会角色的思考推向了一个新的分水岭。

随着全球化的发展，全球治理成为新的趋势，规则的制度和执行已经开始超越某个政府的职权范畴，许多跨国公司和民间社会团体都积极参与进来，并呈现出全球化特征。其涉及的政策领域也愈加广泛，涉及人权保护、执行标准、环境保护等。对公司的监管从以国家为中心的模式开始转向新的多边无国界模式，而民间组织和非政府机构开始成为主要参与者。

从本质上讲，企业社会责任是在更广泛的社会背景下所有企业的权利和责任。企业社会责任要求企业关注其对社会的参与及贡献程度。随着全球化发展，企业社会责任治理从地区治理走向全球治理，而原有的传统既定商业惯例也开始受到质疑。企业社会责任作为一个比较敏感的领域，所涉及的领域及要素较为复杂——它既要考虑企业的内部组织状况，也要充分认识外部环境的影响，而且要通过有效的治理机制设计，在解决生产运营过程中涉及的所有社会和环境问题的同时，还要实现传统意义上的企业成功运作。毫无疑问，这需要企业有一个创新的视野，能超越传统的管理思维，将愿景科学地嵌入公司运营的系统、结构、流程和文化，甚至员工的日常活动中。

12.1 全球治理的产生与提出

企业运行在一个由利益相关者组成的网络中,并受到来自这些利益相关者直接或间接的影响。传统上的利益相关者,如供应商、股东、雇员、政府组织和客户等对企业的影响具有个性和差异性。随着商业环境全球化发展,新的利益相关者正在进入舞台,如当地社区、非政府组织、跨国非政府组织、各种社会运动等。科技进步同样也促进了全球化发展。技术革命把我们带入了网络信息时代,世界市场的逐步自由化,加速推动了经济和金融全球化进程。经济和金融全球化导致全球增加财富,也造成了世界各国及地区间的相互依赖(Elkington,1998)。

无论是传统的利益相关者,还是新兴的利益相关者,他们权利的本质是一样的——有权发表言论,依法处理与企业间的矛盾。新的环境下,企业和其利益相关者矛盾的区域也不断扩大,从原材料的使用到人权,从对当地社区的投资到消费品的来源,从使用童工到转基因成分等。企业必须对社会责任进行管理,并通过媒介力求有效地减少与外部的信息不对称。Tichy 等(1997)明确提出,"随着我们进入 21 世纪,全球企业将发现自己越来越多地与全球、政治、社会和环境问题交织在一起,这些问题将迫使它们重新定义自己作为世界一体化的强大力量的角色。"这种力量加上迅速增长的世界人口所施加的压力,决定了成为全球公民的必要性。

一个国家只能在其领土上实现国家监管,但跨国公司的涌现使其商业行为活动扩展到了国界之外。与此同时,具有跨国性的新的社会和环境挑战也相继出现,任何一个国家都无法单方面加以管制或管理。由于一些国家或地区的政府无力解决日益增多的全球性问题或超出了这些政府的监测及控制能力,非政府组织开始出现并强劲增长。这些非政府组织在全球治理进程中发挥了关键作用。

根据 Porter 和 Kramer(2006)的研究,在政府机构、维权股东和媒体的监督下,企业社会责任已经成为"每个国家商业领袖不可避免的首要任务"。治理的广泛概念已经超出了公司与外部机构、规则和标准的范畴。公司的日常生产、研究和营销实践等都对环境、劳动力市场实践、收入分配等方面发挥着至关重要的作用。企业社会责任的概念在当今全球商业环境中越来越重要，企业社会责任正日益成为一种全球实践，为了更好地通过国际化竞争实现经济增长，不同国家的企业开始将政治、监管、金融体系、文化、历史和资源等进行组合。

然而，目前关于企业社会责任的理论建立在相对较为完善的监管框架的假设之上，在这个框架中，国家法律部门和社会团体根据其价值观和期望对企业行为进行了规范，并明确了公司的责任（Carroll，1991）。这个政治框架是由政府部门定义的，但在全球化背景下，这个假设已经不成立了，因此有必要对企业社会责任进行范式转换。全球规则框架是脆弱和不完整的，因此，企业对全球治理的发展和正确运作负有额外的政治责任（Andreas Georg Scherer and Guido Palazzo，2008）。现代社会的多元化和全球化造成了文化的非同质性，并对国家治理环境产生影响。

全球治理，指的是全球范围内的规则制定和执行，不再是政府单独的职权范围（Braithwaite and Drahos，2000）。今天，跨国公司和民间社会团体参与制定和执行曾经被认为是国家机构唯一责任的政策领域的规章。这些政策领域包括保护人权、执行社会标准、保护环境、打击腐败和生产公共产品（Kaul et al.，2003）。这一发展表明，全球商业监管正从以国家为中心的模式转向新的多边非本土模式，其中包括私营和非政府机构作为主要参与者（Parker and Braithwaite，2003）。Chandler 和 Mazlish（2005）甚至称跨国公司为我们这个时代的新"巨兽"。

Roome（2000）认为经济和金融全球化是一个相当狭隘的全球化概念。他认为，全球化描述了一种复杂的现象，在这种现象中，通过世界各地地点之间的相互依赖和相互联系，人类的力量产生了这些现象。全球化的原因是创造这些联系和相互依赖的行动和选择。全球化的主要驱动力可分为三类：技术，如互联网和快速、廉价的交通；组织机构，如跨国公司的跨度、贸易和供应链，以及世贸组织等国际组织的做法；以及一些概念（如进步和发展的普遍模式）或描述经济体系的词汇（如开放的全球产品和服务市场）。例如，当企业基于自己的技术、利用自由贸易的论点以及利用世贸组织（WTO）等全球机构的支持，在全球范围内扩张业务时，这些类别可能会交叉重叠。

Roome（2000）认为我们现在正经历着这些全球化浪潮之间的碰撞和融合。其含义是：随着新的全球化形式增加了问题的复杂性和相互依赖性，为应对每一波接二连三的全球化浪潮而出现的治理形式已不再充分。

支持或实现愿景的想法可以从许多方面获得：技术、组织和文化。这些可以单独使用，也可以组合使用。创意可以在内部产生，也可以通过向公司注入新资源来产生，如雇佣新员工、聘请顾问或与非政府组织进行磋商。在制定和执行一个最初的设想或克服实现这一设想的障碍时，必须有想法。随着时间的推移，思想的结合可以转化为一个单一的概念，为战略和组织发展提供基础，并作为一个强有力的沟通符号。无论企业社会责任方法及其内容是由上层指导的，还是由外部思想移植的，还是由组织内部促进和指导的，都有必要对内容进行沟通，并在整个组织中灌输对方法的理解。组织规模越大，企业社会责任创新内容的开发和传播就越有可能通过网络或递归流程进行沟通，这些流程影响到所有部门和职能、正式结构和系统。无论这些网络是非正式的还是制度化的，就像正式的知识管理系统一样，它们都需要具有网络技能或设计信息和通信系统以连接其他系统的能力的管理人员。

远景规划、想法生成和连接角色是制订和实现企业社会责任方法过程的一部分。显然，如果提供企业社会责任远景内容的远景和想法在组织内得到促进或指导，那么如果处理得当，这个过程将支持承诺和共享理解的发展，并开始在组织内开发企业社会责任冠军网络。参与也是员工集体开始检验企业社会责任概念和实践意义的思想源泉和基础，使其成为实践中的理论。这种参与式的方法也符合这样一种观点，即企业社会责任是建立在一个组织内以及在其业务上下游中与其他组织之间建立紧密的参与和信任关系的基础上的。

当今世界，跨国公司比比皆是，跨国公司在不同的环境下运行，要面对不同的监管要求和执行机制，难度与日俱增。全球化正在侵蚀政治和经济领域之间劳动分工的既定观念，它要求对企业在社会中的作用有一个新的认识。因此，开始有学者建议在全球范围内重新界定责任的意义，这将对政府、企业和民间社会行为者之间的权力平衡和相互作用产生了一定的影响。

第 12 章 企业社会责任治理的未来：全球治理

12.2

全球治理的发展

世界上的经济体系是在制衡的基础上发展起来的，而这种制衡通常是建立在国家经济概念的基础上的。也就是说，从世界经济史的早期开始，组织和国家就以贸易平衡制度为基础进行商品交换。这种观点认为资源是稀缺的，一个国家的利益就是另一个国家的损失。因此，带有商业主义和帝国主义思想的国家经济通过殖民主义剥削外国资源，并通过贸易壁垒、关税和其他反补贴措施来保护新生的和本土的工业（Jeffrey Shawn Henderson，2008）。

全球企业社会责任是以跨国问题和危机为代表的，而这些问题和危机是各个国家实体历史成熟的产物。对这些全球性的伦理、道德和物质问题的有效反应需要社会最具社会性的人作出反应，需要各个国家、众多非政府组织、跨国公司共同解决。

越来越多的非政府组织和跨国公司已经意识到这一点并积极参与到变革中来。《联合国全球契约》是最突出的自我监管全球治理倡议，被视为国际组织、民间团体和私营企业之间对话的机会，目的是在全球道德标准上达成广泛的共识。截至 2007 年，约有 4000 家企业和组织签署了《联合国全球契约》，并自愿承诺在其影响范围内支持人权、遵守社会和环境标准以及打击腐败（Williams 2004；www.unglobalcompact.org）。显然，这不仅仅是偶然现象，而是一种普遍趋势。

企业作为社会变革的推动者，其作用是毋庸置疑的；这是世界各地的经验现实。此外，这也正在成为一个政治现实。"显然，跨国公司在日益复杂和不稳定的全球环境中摸索着前进，并开始在跨国公司制定和实施治理政策、机构和流程的努力中发挥更积极的作用。"在实践中，一些公司已经承担了曾经被认为属于政府的责任（Matten and Crane，2005）。他们从事公共卫生项目、教育和人权保护，同时在专制政权的国家开展业务。它们解决了诸如艾滋病、营养不良、无家可归和文盲等社会问题（Margolis and Walsh，2003）。他们能够自我监管，以填补法律法规的空白，以及促进社会和平与稳定（Fort and Schipani，2004）。因此，一些公司不仅仅是在法律和道德方面遵守社会标准；

他们致力于在一个不断变化的全球化世界中重新定义这些标准（Palazzo and Scherer，2006）。

2015年，《巴黎协定》《2030年可持续发展议程》的启动以及17项可持续发展目标的通过，体现了"人类的共同愿景和世界领导人与人民之间的社会契约"（潘基文，2015年）。参与的国家必须制定具体的政策和法规，而这些政策和法规将转化为企业实施新业务或改进现有业务的压力，从气候变化到消除贫困和饥饿，再到促进创新和可持续发展等都将是其涉及的领域。

全球化进一步加强了企业社会责任在企业运营中的重要性——全球化带来了新的挑战和机遇，这些挑战和机遇来自企业在社会、政治、经济和环境方面的作用之间日益增强的联系。因此，企业在全球动态环境中面临着新的风险。这意味着企业需要盈利，并相应地对新兴的社会预期做出积极反应。

参 考 文 献

[1] A. A. Ullman. The Corporate environmental accounting system: A management tool for fighting environmental degradation [J]. Accounting, Organizations and Society, 1976, 1 (1): 71-79

[2] Alexander Dahlsrud. How Corporate Social Responsibility is Defined: an Analysis of 37 Definitions [J]. Corporate Social Responsibility and Environmental Management, 2008 (15): 1-13.

[3] Allen M. Weiss, Erin Anderson, Deborah J. MacInnis. Reputation Management As a Motivation For Sales Structure Decisions [J]. Journal of Marketing, 1999, 63 (4): 74-89.

[4] Amy J. Hillman, Gerald D. Keim. Shareholder Value, Stakeholder Management, and Social Issues: What's the Bottom Line [J]. Strategic Management Journal, 2001, 22 (2): 5-140.

[5] Amy J. Hillman, Thomas Dalziel. Boards of Directors and Firm Performance: Integrating Agency and Resource Dependence Perspectives [J]. Academy of Management Review, 2003, 28 (3): 383-396.

[6] Andreas Georg Scherer, Guido Palazz. Globalization And Corporate Social Responsibility. A. Crane, A. McWilliams, D. Matten, J. Moon, D. Siegel, eds., pp. 413-431, Oxford University Press, 2008. Available at SSRN: https://ssrn.com/abstract=989565, 2008.

[7] Andrew B. Gollner. Social Change And Corporate Strategy: The Expanding Role of Public Affairs [M]. Stamford, Ct: Issue Action Publications, 1983.

[8] Ans Kolk. Environmental Reporting by Multinationals From the Triad: Convergence of Divergence [J]. Management International Review, 2005, 45 (1):

145 – 166.

[9] Antonio Argandoña. The Stakeholder Theory And The Common Good [J]. Journal of Business Ethics, 1998 (17): 1093 – 1102.

[10] Archie B. Carroll. A Three – Dimensional Conceptual Model of Corporate Social Performance [J]. Academy of Management Review, 1979, 4 (4): 497 – 505.

[11] Archie B. Carroll. The Pyramid of Corporate Social Responsibility: Toward the Moral Management of Organizational Stakeholders [J]. Business Horizons, 1991, 34 (4): 39 – 48.

[12] Archie B. Carroll. Corporate Social Responsibility, Evolution of a Definitional Construct [J]. Business & Society, 1999, 38 (3): 268 – 295.

[13] A. G. Scherer, G. Palazzo. Toward a Political Conception of Corporate Responsibility. Business and Society Seen from a Habermasian Perspective [J]. Academy of Management Review, 2007 (32): 1096 – 1120.

[14] Breet Trueman. Why Do Managers Voluntarily Release Earnings Forecasts [J]. Journal of Accounting & Economics, 1986, 8 (1): 53 – 71.

[15] Bridge G. Contested Terrain: Mining And The Environment [J]. Annual Review Of Environment and Resources, 2004 (29): 205 – 259.

[16] Christian Voegtlin, Nicola Manuela Pless. Global Governance: CSR and the Role of the UN Global Compact [J]. Journal of Business Ethics, 2014, 122 (2): 179 – 191.

[17] Charles Fombrun, Mark Shanley. What's In a Name? Reputation Building and Corporate Strategy [J]. Academy Of Management Journal, 1990, 33 (2): 233 – 258.

[18] Chee W. Chow, Adrian Wong – Boren. Voluntary Financial Disclosure By Mexican Corporations [J]. The Accounting Review, 1987, 62 (3): 533 – 541.

[19] Christopher B. Barry, Stephen J. Brown. Differential Information and Security Market Equilibrium [J]. Journal of Financial and Quantitative Analysis, 1985 (20): 407 – 422.

[20] Claire Marston. The Organization of the Investor Relations Function By

Large UK Quoted Companies [J]. Omega, 1996, 24 (4): 477 -488.

[21] Coro Strandberg. The Role of the Board of Directors in CSR [R]. Conference Board of Canada Report, Strandberg Consulting, 2008.

[22] Diane L. Swanson. Top Managers for Drivers for Corporate Social Responsibility [R]. Oxford University Press Handbook of Corporate Social Responsibility, 2008: 227.

[23] Daniel Ferreira. Board Diversity, in Corporate Governance: A Synthesis of Theory, Research, and Practice [M]. Wiley, 225 -241. Edited By H. Kent Baker, Ronald Anderson. 2010.

[24] Darryl Reed. Employing Normative Stakeholder Theory in Developing Countries: A Critical Theory Perspective [J]. Business & Society, 2002, 41 (2): 166 -207.

[25] Davide Secchi. Utilitarian, Managerial And Relational Theories of Corporate Social Responsibility [J]. International Journal of Management Reviews, 2007, 9 (4): 347 -373.

[26] David Vogel. The Market for Virtue: the Potential and Limits of CSR. Washington, DC.: Brooking Institution Press, 2005.

[27] David Wheeler, Maria Sillanpa "a". Including the stakeholders: The business case [J]. Long Range Planning, 1998, 31 (2): 201 -210.

[28] Deborah D. Anderson. Key Concepts in Anticipatory Issues Management [J]. Corporate Environmental Strategy, 1997, 5 (1): 6 -17.

[29] Donald C. Hambrick, Phyllis A. Mason. Upper Echelons: The Organization As a Reflection Of Its Top Managers [J]. Academy of Management Review. 1984. 9 (2): 193 -206.

[30] Donna J. Wood. Corporate social performance revisited [J]. The Academy of Management Review, 1991, 16 (4): 691 -718.

[31] Donna J. Wood, Raymond E. Jones. Stakeholder mismatching. a theoretical problem in empirical research on corporate social performance [J]. The International Journal of Organizational Analysis, 1995, 3 (3): 229 -267.

[32] Donna J. Wood, Jeanne Logsdon. Business Citizenship: From Individuals

To Organizations [J]. Business Ethics Quarterly, Ruffin Series, 2002 (3): 59 – 94.

[33] Donald S. Siegel. Green Management Matters Only if It Yields More Green: An Economic/Strategic Perspective [J]. Academy of Management Perspectives, 2009, 23 (3): 5 – 16.

[34] E. Merrick DoddJr.. For whom are corporate managers trustees: A note [J]. Harvard Law Interview, 1932, 45 (7): 1145 – 1163.

[35] Edward Freeman, Robert A. Philips. Stakeholder theory: A libertarian defense [J]. Business Ethics Quarterly, 2020, 12 (3), 331 – 349.

[36] Elisabet Garriga, Domènec Melé. Corporate Social Responsibility Theories: Mapping the Territory [J]. Journal of Business Ethics, 2004 (53): 51 – 71.

[37] Eugene F. Fama. Agency problem and the theory of the firm [J]. Journal of Political Economy, 1980, 88 (2): 288 – 307.

[38] Eugene F. Fama, Michael C. Jensen. Separation of ownership and control [J]. Journal of Law and Economics, 1983, 26 (4): 9 – 15.

[39] Frances J. Milliken. Perceiving And Interpreting Environmental Change: An Examination Of College Administrators' Interpretation Of Changing. Demographics [J]. Academy Of Management, 1990, 33 (1): 42 – 63.

[40] Friedman. The social responsibility of business in to increase its profits [J]. New York Times Magazines, 1970 (13): 32 – 33.

[41] George A. Steiner, John F. Steiner. Business, government and society: a management perspective [M]. New York: McGraw – Hill Higher Education, 1997.

[42] Godfrey Adda, John Bosco Azigwe, Aboteyure Roger Awuni. Business Ethics And Corporate Social Responsibility For Business Success And Growth [J]. European Journal of Business and InnovationResearch, 2016, 4 (6): 26 – 42

[43] Howard R. Bowen. Social responsibilities of the businessman [M]. New York: Harper and Row, 1953.

[44] Hossain M., L. M. Tan, and M. Adams. Voluntary disclosure in an

emerging capital market: Some empirical evidence from companies listed on the Kuala Lumpur Stock Exchange [J]. International Journal of Accounting, 1994, 29 (4): 334 - 351.

[45] International Standard Organization (ISO). Guidance on social responsibility (ISO 26000) [S], 2010.

[46] J. S. Toms. Firm resources, quality signals and the determinants of corporate environmental reputation: Some UK evidence [J]. The British Accounting Review, 2002 (34): 257 - 282.

[47] J. Johnson. Issues management What are the issues [J]. Business Quarterly, 1983, 48 (Fall): 22 - 31. Jan Jonker, Marco de Witte (Eds.) The Challenge of Organizing and Implementing Corporate Social Responsibility [M]. New York: Palgrave MacMillan, 2006.

[48] Jane E. Dutton, Robert B. Duncan. The creation of momentum for change through the process of strategic issue diagnosis [J]. Strategic Management, 1987 (8): 279 - 298.

[49] Jeffrey Shawn Henderson. The New Triad Power: Key Players in the Promise of Global CSR. Available at SSRN: https://ssrn.com/abstract = 1302488, 2008.

[50] Joan C. Henderson. Corporate Social Responsibility and Tourism: Hotel Companies in Phuket, Thailand, after the Indian Ocean tsunami [J]. Hosp Manage 2007 (26): 228 - 239.

[51] John Hendry. Missing the Target: Normative Stakeholder Theory and the Corporate Governance Debate. Business Ethics, 2001, 11 (1): 159 - 176.

[52] John Peloza, Derek N. Hassay. Intro - organizational volunteerism: Good soldiers, good deeds and good politics [J]. Journal of Business Ethics, 2006 (64): 357 - 379.

[53] Jonathan P. Charkham. Corporate governance: lessons from abroad [J]. European Business Journal, 1992, 4 (2): 8 - 17.

[54] Katarina Moravcikova, L'ubica Stefanikova, Martina Rypakova. CSR reporting as an important tool of CSR communication. Procedia Economics and Finance,

2015 (26): 332 - 338.

[55] Kamran Ahmed, John K. Courtis. Association between corporate characteristics and disclosure levels in annual reports: a meta - analysis [J]. British Accounting Review, 1999, 31 (1): 35 - 61.

[56] Keith Davis. The Case for and against Business Assumption of Social Responsibilities [J]. The Academy of Management Journal, 1973, 16 (2): 312 - 322.

[57] Keith Davis, Robert L. Blomstrom. Business and Society: Environment and Responsibility [M]. New York, NY: McGraw - Hill, 1975.

[58] L. Fahey, V. K. Narayanan. Macroenvironmental Analysis for Strategic Management (The West Series in Strategic Management) [M]. St. Paul, Minnesota: West Publishing Company, 1986.

[59] Lang Mark, Lundholm Russell. Cross - sectional Determinants of Analysts Ratings of Corporate Disclosures [J]. Journal of Accounting Research, 1993, 31 (2): 246 - 271.

[60] M. A. Latapí Agudelo, L. Jóhannsdóttir, B. A. Davídsdóttir. Literature review of the history and evolution of corporate social responsibility. International Journal of Corporate Social Responsibility. 2019, 4: 1 https://doi.org/10.1186/s40991 - 018 - 0039 - y.

[61] M. Dierkes, L. E. Preston. Corporate social accounting reporting for the physical environment: A critical review and implementation proposal [J]. Accounting, Organizations and Society, 1977, 2 (1): 3 - 22

[62] M. R. Mathews. Social and environmental accounting: a practical demonstration of ethical concern [J]. Journal of Business Ethics, 1995, 14 (8): 663 - 671.

[63] Magali A. Delmas, Michael W. Toffel. Organizational Responses to Environmental Demands: Opening the Black Box [J]. Strategic Management Journal, 2008, 29 (10): 1027 - 1055.

[64] Marc J. Epstein, Martin Freedman. Social disclosure and the individual investor [J]. Accounting, Auditing & Accountability Journal, 1994, 7 (4):

94 - 109.

[65] Mark E. Haskins, Kenneth R. Ferris, and Thomas I. Selling. International Financial Reporting and Analysis: A Contextual Emphasis (2nd ed) [M]. Boston: Irwin McGraw - Hill, 2000.

[66] Mark H. Lang, Russell J. Cross - sectional determinants of analysts ratings of corporate disclosures [J]. Journal of Accounting Research, 1993, 31 (2): 246 - 271.

[67] Martin Samy, Henry Itotenaan Ogiri, Roberta Bampton. Examining the public policy perspective of CSR implementation in sub - Saharan Africa [J]. Social Responsibility Journal, 2015, 11 (3): 553 - 572.

[68] Mason A. Carpenter, James W. Fredrickson. Top management teams, global strategic posture, and the moderating role of uncertainty [J]. Academy of Management Journal, 2001, 44 (3): 533 - 545.

[69] Max B. E. Clarkson. A stakeholder framework for analyzing and evaluating corporate social performance [J]. The Academy of Management Review, 1995, 20 (1): 92 - 117.

[70] Michael C. Jensen, William H. Meckling. Theory of the firm: Managerial behavior, agency costs and ownership structure [J]. Journal of Financial Economics, 1976, 3 (4): 305 - 360.

[71] Michael C. Jensen. The modern industrial revolution, exit and the failure of internal control systems [J]. Journal of Finance, 1993 (48): 831 - 880.

[72] Michael C. Jensen. Value Maximization, Stakeholder Theory, And The Corporate Objective Function [J]. Business Ethics Quarterly, 2002, 12 (2): 235 - 256.

[73] Michael E. Porter. Competitive Strategy: Techniques for Analyzing Industries and Competitors [M]. New York: Free Press, 1980.

[74] Michael E. Porter. Competitive Advantage: Creating and Sustaining Superior Performance [M]. New York: Free Press, 1985.

[75] Michael E. Porter. The Competitive Advantage of Nations [M]. New York: Free Press, 1990.

[76] Michael E. Porter, Claas van der Linde. Green and Competitive: Ending the Stalemate [J]. Harvard Business Review, 1995, 73 (5): 120 – 134.

[77] Michael E. Porter, Mark R. Kramer. The Competitive Advantage of Corporate Philanthropy [J]. Harvard Business Review, 2002, 80 (12): 56 – 69.

[78] Michael E. Porter, Mark R. Kramer. Creating shared value—How to reinvent capitalism and unleash a wave of innovation and growth [J]. Harvard Business Review, 2011: 1 – 17.

[79] Michael Hopkins. Corporate Social Responsibility: An Issues Paper (May 2004). Available at SSRN: https://ssrn.com/abstract=908181.

[80] Milton Friedman. The Social Responsibility of Business is to Increase its Profits [J]. The New York Times Magazine, 1970, September 13th.

[81] Milton Friedman. Capitalism and Freedom [M]. Chicago: University of Chicago Press, 1962.

[82] Morrell Heald. The Social Responsibilities of Business Company and Community, 1900 – 1960 [M]. New Brunswick: Transaction Books, 1988.

[83] Paul M. Healy, Krishna G. Palepu. Information asymmetry, corporate disclosure, and the capital markets: a review of the empirical disclosure literature [J]. Journal of Accounting and Economics, 2001, 31 (1 – 3): 405 – 440.

[84] R. A. W. Rhodes. The New Governance: Governing without Government [J]. Political Studies, 1996, 44 (4): 652 – 667.

[85] R. Edward Freeman. Strategic Management: A Stakeholder Approach [M]. Boston: Pitman, 1984.

[86] R. Edward Freeman, William M. Evan. Corporate Governance: A Stakeholder Interpretation [J]. Journal of Behavioral Economics, 1990, 19 (4): 337 – 359.

[87] R. Edward Freeman. The Politics of Stakeholder Theory: Some Future Directions [J]. Business Ethics, 1994, Quarterly 4 (4): 409 – 421.

[88] R. Edward Freeman, Robert A. Phillips. Stakeholder Theory: A Libertarian Defence [J]. Business Ethics, 2002, Quarterly 12 (3): 331 – 349.

[89] R. L. Burritt. Environmental management accounting: Roadblocks on the

way to the green and pleasant land [J]. Business, Strategy and the Environment, 2004 (13): 13 - 32.

[90] Renee B. Adams, Benjamin E. Hermalin, Michael S. Weisbach. The role of boards of directors in corporate governance: A conceptual framework and survey [J]. Journalof Economic Literature, 2010 (48): 58 - 107.

[91] Richard A. Johnson, Daniel W. Greening. The Effects of Corporate Governance and Institutional Ownership Types on Corporate Social Performance [J]. Academy of Management Journal, 1999 (42): 564 - 576.

[92] Richard Welford, Clifford Chan, Michelle Man. Priorities for Corporate Social Responsibility: a Survey of Businesses and their Stakeholders Centre of Urban Planning and Environmental Management, 2008, 15 (1): 52 - 62.

[93] Robert C. Merton. A simple model of capital market equilibrium with incomplete information [J]. The Journal of Finance 1987, 42 (3): 483 - 510.

[94] Robert E. Verrecchia. Essays on disclosure [J]. Journal of Accounting and Economics, 2001, 32 (1 - 3): 97 - 180.

[95] Robert Eccles, George Serafeim. The performance frontier: Innovating for a sustainable strategy [J]. Harvard Business Review, 2013, 91 (5): 50 - 56, 58, 60, 150.

[96] Ron Kasznik, Baruch Lev. To warn or not to warn: management disclosures in the face of an earnings surprise [J]. The Accounting Review, 1995, 70 (1): 113 - 134.

[97] Ronald K. Mitchell, Bradley R. Agle, and Donna J. Wood. Toward a Theory Of Stakeholder Identification And Salience: Defining The Principle Of Who And What Really Counts [J]. Academy of Management Review, 1997, 22 (4): 853 - 886.

[98] Rosamaria C. Moura - Leite, Robert C. Padgett. Historical background of corporate social responsibility [J]. Social Responsibility Journal, 2011, 7 (4), 528 - 539.

[99] Ross L. Watts, Jerold L. Zimmerman. Towards a positive theory of the determination of accounting standards [J]. The Accounting Review, 1978, 53 (1):

112-134.

[100] S. Prakash Sethi. Dimensions of Corporate Social Performance [J]. California Management Review, 1975, 17 (3): 58-64.

[101] S. Schaltegger, R. L. Burritt. Contemporary Environmental Accounting – Issues, Concepts and Practice. UK: Greenleaf Publishing, 2000.

[102] SOMO. Capacitating electronics. The corrosive effects of platinum and palladium mining on labour rights and communities [EB/OL]. (2007-11). http://makeitfair.org/de-feiten/rapporten/Capacitating-Electronics-november-2007.pdf/at_download/file.

[103] Sustain Ability. Tomorrow's Value: The Global Reporters 2006 Survey of Corporate Sustainability Reporting. 2006.

[104] SustainAbility and Friends Ivory and Sime. Governance, Risk and Corporate Social Responsibility. 2001.

[105] Stergios Leventis, Pauline Weetman. Voluntary Disclosures In An Emerging Capital Market: Some Evidence From The Athens Stock Exchange [J]. Advances in International Accounting, 2004 (17): 227-250.

[106] Steven L. Wartick, Donna J. Wood. International Business and Society [M]. Malden, MA: Blackwell Publishers, 1998.

[107] Stuart L. Hart. A Natural-Resource-Based View of the Firm [J]. Academy of Management Review, 1995, 20 (4): 986-1012.

[108] Stuart L. Hart, Clayton M. Christensen. The Great Leap. Driving Innovation from the Base of the Pyramid [J]. MIT Sloan Management Review, 2002, 44 (1): 51-56.

[109] Tim Rowley, Shawn Berman. A brand new brand of corporate social performance. Business and Society Review, 2000, 39 (4): 397-418.

[110] Timothy I. Rowley, Mihnea Moldoveanu. When will stakeholder groups act? An interest-and identity-based model of stakeholder group mobilization [J]. The Academy of Management Review, 2003, 28 (2): 204-219.

[111] United Nations Division for Sustainable Development. Environmental Management Accounting Procedures and Principles, Prepared for the Expert Working

Group on "Improving the role of government in the promotion of environmental management accounting", New York, 2001.

[112] Warhurst A, Bridge G. Economic liberalisation, innovation, and technology transfer: opportunities for cleaner production in the minerals industry [J]. Natural Resources Forum, 1997, 21 (1): 1-12.

[113] Wayne Visser. CSR 2.0: The New Era of Corporate Sustainability and Responsibility, CSR International Inspiration Series, No. 1, 2008.

[114] William Crittenden Frederick, Keith Davis, James E. Post. Business and city, corporate strategy, public policy, ethics [M]. 6th ed. New York: McGraw Hill Book Co., 1988.

[115] William Crittenden Frederick. Corporation, Be Good! The Story of Corporate Social Responsibility [M]. Indianapolis, IN: Dog Ear Publishing, 2006.

[116] William Crittenden Frederick. Corporate social responsibility: deep roots, flourishing growth, promising future [M], in The Oxford Handbook of Corporate Social Responsibility, Chapter 23, eds Crane A., Williams A., Matten D., Moon J., Siegel D. S., editors. (New York, NY: Oxford University Press), 2008: 522-531.

[117] Yasemin Y. Kor, Chamu Sundaramurthy. Experienced – Based Human Capital and Social Capital of Outside Directors [J]. Journal of Management, 2009, 35 (4): 981-1006.

[118] Yu Tian, Jingliang Chen. Concept of Voluntary Information Disclosure and A Review of Relevant Studies. International of Economics and Finance, 2009, 1 (2): 55-59.

[119] 陈炳富, 周祖成. 企业伦理概论 [M]. 天津: 南开大学出版社, 2000.

[120] 李正, 向锐. 中国企业社会责任信息披露的内容界定、计量方法和现状研究 [J]. 会计研究, 2007 (7): 3-11.

[121] 卢代富. 企业社会责任的经济学与法学分析 [M]. 北京: 法律出版社, 2002.

[122] [美] 保罗·霍肯 (Paul Hawken). 商业生态学 (1994) [M]. 夏

善晨，余继英，方堃，译. 上海：上海译文出版社，2006.

[123] [美] 哈罗德·孔茨，海因茨·韦里克. 管理学 [M]. 第 1 版. 郝国华，等，译. 北京：经济科学出版社，1993.

[124] [美] 纳什. 大自然的权利：环境伦理学史 [M]. 杨通进，译. 青岛：青岛出版社，2005.

[125] 采矿业破坏生态后果堪忧 [N]. 光明日报，1999-02-26（03）.

[126] [美] 乔治·恩德勒. 面向行动的经济伦理学 [M]. 高国希，译. 上海：上海社会科学院出版社，2002.

[127] [美] 弗里曼. 战略管理——利益相关者方法 [M]. 王彦华，梁豪，译. 上海：上海译文出版社，2006.

[128] 王红. 企业生态责任的理论研究 [J]. 经济论坛，2008（6）：82-84.

[129] 任运河. 论企业的生态责任 [J]. 山东经济，2004（3）.

[130] 史蒂文·F 沃克，杰弗里·E 马尔. 利益相关者权利 [M]. 赵宝华，刘彦平，译. 北京：经济科学出版社，2003.

[131] 沈洪涛，沈艺峰. 公司社会责任思想起源与演变. 上海：上海人民出版社，2007.

[132] 世界环境与发展委员会编. 我们共同的未来，王之佳，柯金良，译. 长春：吉林人民出版社，1997.

[133] [德] 底特·本巴赫尔. 责任的哲学基础 [J]. 齐鲁学刊，2005（4）：127-133.

[134] 张文显. 法理学 [M]. 北京：高等教育出版社、北京大学出版社，1999.

[135] 中国科学院可持续发展战略研究组. 2006 中国可持续发展战略报告——建设资源节约型、环境友好型社会 [EB/OL]. 中国网. 2006-03-30.